粤港澳大湾区 战略性 新兴产业研究

王京生 樊建平/主编 杨 柳/著

新材料产业卷

海天出版社
·深圳·

图书在版编目 (CIP) 数据

粤港澳大湾区战略性新兴产业研究. 新材料产业卷 /
王京生, 樊建平主编; 杨柳著. —深圳: 海天出版社, 2020.1
ISBN 978-7-5507-2836-3

Ⅰ.①粤… Ⅱ.①王… ②樊… ③杨… Ⅲ.①材料工
业—产业发展—研究—广东、香港、澳门 Ⅳ.①F127.65
②F426

中国版本图书馆CIP数据核字(2020)第021490号

粤港澳大湾区战略性新兴产业研究 · 新材料产业卷

YUEGANG'AO DAWANQU ZHANLÜEXING XINXING CHANYE YANJIU XINCAILIAOCHANYE JUAN

出 品 人　聂雄前
责 任 编 辑　侯天伦
责 任 技 编　陈洁霞
封 面 设 计　元明·设计

出版发行　海天出版社
地　　址　深圳市彩田南路海天综合大厦　（518033）
网　　址　www.htph.com.cn
订购电话　0755-83460239（邮购、团购）
设计制作　蒙丹广告0755-82027867
印　　刷　深圳市华信图文印务有限公司
开　　本　787mm×1092mm　1/16
印　　张　12
字　　数　144千
版　　次　2020年1月第1版
印　　次　2020年1月第1次
定　　价　58.00元

未来已来

王京生

国务院参事
联合国教科文组织"孔子奖章"获得者
北京大学、北京师范大学、深圳大学客座教授

　　如果把亚洲分成大陆亚洲和海洋亚洲的话，那么珠江入海口就是两者的连接点，这里将崛起世界上最密集的城市群。这种说法，曾出现在英国作家詹姆斯·克拉维尔于20世纪80年代出版的小说《望族》中，无形之中成为今天粤港澳大湾区崛起的绝佳预言。

　　回望这片湾区城市群的现代化进程，可以分为三个时期：第一个时期，是改革开放前，从20世纪60年代起，香港作为"亚洲四小龙"之一崛起，与澳门一道，为中国内地改革开放做了前期准备，成为中国观察世界和引进外资的重要窗口；第二个时期，经过40年改革开放，以深圳为代表的湾区城市，不仅自己实现了从无到有的蝶变，一跃成为领跑全国的先锋城市，同时也使整个城市群呈现欣欣向荣的局面，为粤港澳大湾区媲美于世界其他湾区奠定了基础；第三个时期，中央作出设立粤港澳大湾区的战略部署，并支持深圳建设中国特色社会主义先行示范区，表明粤

港澳大湾区作为我国深化改革开放的代表性地区，将从国家战略层面出发，进一步整合优势资源，参与到国际竞争当中。

粤港澳大湾区云集广深港三大国际大都市，造就了以东莞、佛山为代表的世界制造工厂，拥有香港港、深圳港、广州港等一系列世界级港口群，形成"城市群＋港口群＋产业群"的超强世界城市群。其城镇化水平、土地面积、人口规模、地区生产总值总量和产业竞争力，都堪与世界一流城市群匹敌。

畅销书《变量》里说，粤港澳大湾区的中心城市是哪一个？香港？广州？深圳？都是，又都不是。未来的粤港澳大湾区更像是一个超级的组合城市。

一个与纽约湾区、旧金山湾区、东京湾区并驾齐驱的世界级城市群，已经呼之欲出。粤港澳大湾区土地面积 5.6 万平方公里，约 7000 万的人口规模，以仅占全国 0.6% 的土地面积，地区生产总值占全国总量的12.57%，未来增长空间十分巨大。自 2019 年 2 月 18 日中共中央、国务院正式公布《粤港澳大湾区发展规划纲要》之后，粤港澳大湾区的建设引起全球关注。随着城市化的推进，粤港澳大湾区的人口将超过 1 亿，实现人口翻倍，意味着有望超过世界三大湾区。

粤港澳大湾区不仅是中国最有活力的经济板块之一，更重要的是，它将引领下一波的世界发展潮流。在这样的情况下，观察它今天的科学技术、产业布局，特别是战略性新兴产业的情况尤为重要。实际上，我们在用今天的眼光瞻视未来，而未来已经在我们面前呈现清晰的轮廓。

作为国家战略的粤港澳大湾区，诞生在一个创新驱动发展的新时代。这个时代，基因技术、大数据、云计算、物联网、机器人、人工智能……一个个新鲜词语不断涌现。由这些词汇堆砌的未来世界，是一个机器人可以代替更多人类工作的世界，是一个虚拟世界与现实世界逐渐模糊的世界，也是一个创新驱动、充满幻想的世界。

粤港澳大湾区血脉里拥有天然的创新基因，它的战略定位就是要成为具有全球影响力的国际科技创新中心。在这里，不仅金融产业发达，而且未来产业发展速度国内领先。在这里，开始流行给新出生的婴儿做基因检测预测性格，中学生开始学习人工智能的编程课程，工业机器人代替了更多的年轻人在流水线上工作，服务机器人出现在机场担任迎宾或在商场担任导购，无人驾驶的大巴开始在街头试运行，新能源出租车取代了传统汽车，自助图书馆和自助办证等越来越多的自助机器闯入我们的生活，无人机不仅可以航拍而且能服务消防和公安领域。这一切分明在说：未来已来。

在这里，传统产业从业者已经不再观望，纷纷引入互联网技术或者人工智能技术，各个产业在悄悄地升级，流水线上大量的工人纷纷涌入城市做起了快递员和销售员；年轻的父母开始为子女选择专业感到苦恼，时常在一起讨论学习哪个专业未来更有前途，或者最好是从什么年龄开始学习编程课程。因为站在时代大潮的路口，他们非常明白，未来的变化只可能更快速、更迅猛，父母是否有能力为孩子规划好未来，这个问题让人思虑再三，且忐忑难安。毕竟，他们虽置身其中，却对未来产业所知甚少。有人说："你的对手不是竞争对手，而是整个时代。"现在看来，这句话还是很中肯的，不论个人或者企业，成功的最终决定因素是我们能否跟上这个时代的步伐。而只有那些洞察趋势的先行者，才能把握时代的机遇。

《粤港澳大湾区发展规划纲要》第六章第二节指出要"培育壮大战略性新兴产业"，描绘出了大湾区未来的产业格局。"依托香港、澳门、广州、深圳等中心城市的科研资源优势和高新技术产业基础，充分发挥国家级新区、国家自主创新示范区、国家高新区等高端要素集聚平台作用，联合打造一批产业链条完善、辐射带动力强、具有国际竞争力的战略性新兴产业集群，增强经济发展新动能。推动新一代信息技术、生物技术、高端装备制造、新材料等发展壮大为新支柱产业，在新型显示、新一代通信技术、5G和移动互联网、蛋白类等生物医药、高端医学诊疗设备、基因检测、现代中药、智能机器人、3D打印、北斗卫星应用等重点领域培育一批重大产业项目。围绕信息消费、新型健康技术、海洋工程装备、高技术服务业、高性能集成电路等重点领域及其关键环节，实施一批战略性新兴产业重大工程。"

"粤港澳大湾区战略性新兴产业研究"丛书用通俗易懂的语言讲述战略性新兴产业中的创业故事和产业趋势，主要探索未来20年中能够主导我们经济和社会的产业。5册图书是基于未来的5个关键的战略性新兴产业而分类创作的，包括机器人、人工智能、生命健康、新材料、物联网，之所以选择这五大产业不仅仅是因为它们自身的重要性，各自拥有数百亿元甚至上千亿元的产值空间，而且也因为它们是全球化浪潮中的代表，彼此之间密不可分。比如，新材料是机器人、人工智能、物联网、生命健康等产业的基础；同时，随着BT（生物技术）和IT（信息技术）逐渐融合，生命健康产业也需要借助大数据、云计算等新技术；物联网同样与人工智能和云计算技术分不开。显而易见，未来世界将是一个多元技术、多个学科交叉融合的世界，让我们对未来不禁浮想联翩。

2019年8月，中共中央、国务院出台《关于支持深圳建设中国特色社会主义先行示范区的意见》，赋予深圳无比崇高的历史新使命。从一骑绝尘的"深圳速度"，到以高产出、低消耗、低污染为特征的"深圳效益"，到结构优化、创新驱动、绿色低碳的"深圳质量"，再到对标国际一流、打造更具时代引领性的"深圳设计""深圳品牌""深圳标准"……深圳始终牢记党中央创办经济特区的战略意图，在体制改革中发挥了"试验田"作用，在对外开放中发挥了重要"窗口"作用。先行示范，如果说最初只是深圳的使命，今天已经成为这座城市的自觉追求，沉淀为深圳的城市基因，深深融入城市的文化血脉中。建设中国特色社会主义先行示范区，是深圳新的使命，深圳要继续深化供给侧结构性改革，实施创新驱动发展战略，建设现代化经济体系，在构建高质量发展的体制机制上走在全国前列。本系列丛书里绝大多数的企业案例来自深圳，我们不仅可以看到深圳企业家群体锐意进取的精神，而且可以看到作为一个学习样板，深圳正在积极地以"一马当先"带动"万马奔腾"，加快实现社会主义现代化强国的进程。

需要指出的是，在先行示范、创新引领的背后，实际上需要一系列的支撑，特别是文化的支撑。习近平总书记强调，文化自信是更基础、更广泛、更深厚的自信，是更基本、更深沉、更持久的力量。文化是托举一切的大地。我们可以看到，世界上创新能力强的国家，往往是文化发达的国家。文化驱动创新，创新驱动发展。正是融合了创新、智慧、包容和力量的文化，在不断的流动与碰撞中，为经济社会尤其是新兴产业发展提供了更为有力和持久的支撑。

我们创作"粤港澳大湾区战略性新兴产业研究"丛书，一方面，站在未来产业的大潮里，倾听未来产业中的弄潮儿讲述精彩的创业故事，看他们是如何把一项成果转化为现实的生产力，又是怎样展望未来的发展趋势；另一方面，这些跌宕起伏的创业故事和专家的产业展望内容，也可以给父母和年轻人一些启迪和智慧，使其感受到创新背后文化和精神的力量，帮助我们和下一代更从容地面对新的经济浪潮。

未来在有准备的人们面前已经到来，因为承接未来的一切早已开始。

粤港澳大湾区战略性新兴产业研究

前言

QIANYAN

新材料未来将成为大国角逐的重点，新材料作为国民经济先导产业和高端制造及国防工业的重要保障，未来将成为各国战略竞争的焦点。

我国高度重视新材料产业发展，通过纲领性文件、指导性文件、规划发展目标与任务等构筑起新材料发展的"政策金字塔"，予以全产业链、全方位的指导。我国还于2016年12月首次成立国家新材料产业发展领导小组，由国务院副总理马凯担任组长，国家大力振兴新材料产业的决心得到充分体现。

2017年1月，工信部等四部委联合发布《新材料产业发展指南》，明确了我国新材料产业发展的基本原则、主要目标、发展方向和重点任务。新材料产业发展基本原则是需求牵引、创新发展。产业升级成为新的时代呐喊，新的发展阶段提出新材料国产化需求，我国新材料发展也将由原材料、基础化工材料逐步过渡至新兴材料、半导体材料、锂电材料。

粤港澳大湾区电子信息产业和先进制造产业发达，对新材料需求十分旺盛，也是我国新材料的核心生产基地。因此，粤港澳大湾区加快发展新材料产业，对促进我国经济增长意义十分重大。

《广东省战略性新兴产业发展"十三五"规划》指出，广东主要发展三大新材料，分别为前沿新材料、高性能复合材料及特种功能材料、高端精品钢材，"十三五"期间，广东省着力打造以广州、深圳、佛山、中山、肇庆等市为重点的高性能复合材料及战略前沿材料产业基地，以广州、湛江、韶关、阳江等市为重点的高端精品钢材生产基地。

本书采访的6家新材料企业，从应用的角度来分类，星源材质、烯湾科技属于新能源材料企业，瑞华泰、柔宇科技和光科全息属于电子信息材料企业，德厚科技属于节能新材料企业。

新材料产业的创业故事大多都是九死一生，不论是技术难关的突破，还是资金难题的解决，都充满着内忧外患，创业者经受了各种折磨还得选择坚持与拼搏，甚至需要放弃企业的控股权，来换取企业的生存机会。这是因为新材料产品的原始创新具有投入大、周期长、风险高的特点，没有长时间的持续投入，很难开发出稳定的产品。

书中的几位创业主角，有的是怀抱"实业救国"的梦想回国的海归博士，比如柔宇科技的创始人刘自鸿博士、光科全息的创始人郭滨刚博士、烯湾科技的创始人邓飞博士，他们都得到了风险投资机构的投资，才得以一步一步走上产业化道路；有的是从贸易起家，发现新材料的商机，后来获得了高校里的研究团队帮助，才实现了技术的突破，比如星源材质与国内高分子材料研究权威院校四川大学、广东工业大学联手，建立了具有排他性的产学研合作关系，才得以将锂电池隔膜成功研发出来，打破"洋品牌"的材料垄断。

这些创业故事告诉我们，如何能让前沿技术尽快实现大规模、低成本的生产，仍是需要科学家和企业家共同思考的问题。企业家深知产业的痛点和应用机会，但是未必了解什么技术可以解决这些问题，这就需要科学家的指导。而科学家也需要企业家的帮助，才能顺利推动技术成果成功转化，实现量产，造福人类。因此，只有企业家和科学家紧密结合，才能实现新材料技术走向市场。

让我们来聆听他们的真知灼见，分享他们的创业智慧，共同为粤港澳大湾区的新材料创业者们加油助威。

粤港澳大湾区战略性新兴产业研究

contents 目录

01 星源材质：
锂电池隔膜产业的领头羊

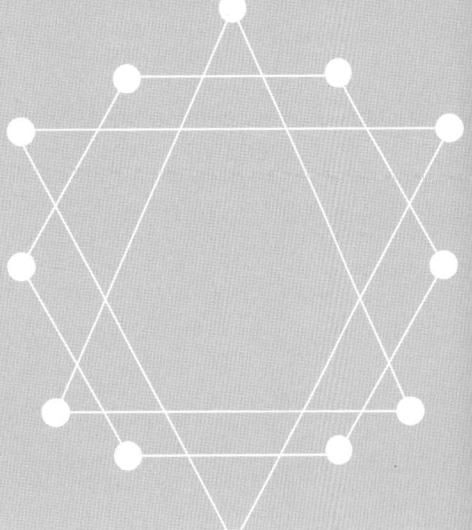

粤港澳大湾区
战略性新兴
产业研究

星源材质

深圳市星源材质科技股份有限公司（以下简称"星源材质"）成立于2003年9月，是中国战略性新兴产业新能源新材料领域的国家高新技术企业，2016年12月在深交所挂牌上市，是中国锂电池隔膜产业的领军企业。

星源材质是全球第一家同时拥有锂离子电池隔膜干法和湿法制备技术和生产线的企业，产品技术达到国外同类产品水平；也是目前国内唯一专业从事动力锂离子电池微孔隔膜研发、生产、销售及服务的新能源材料企业；搭建了国内首个设备最完善、功能最齐全的动力锂电池隔膜性能检测与评价技术平台、深圳高分子材料特种功能膜工程实验室、深圳市锂离子电池隔膜工程中心。星源材质是国家"863计划"汽车动力电池隔膜指定研发单位、科技部火炬计划重点高新技术企业。企业通过ISO9001及ISO14001认证，具有行业领先的万级洁净生产环境。

星源材质拥有深圳基地、合肥基地和常州基地，总规划产能达到每年15亿平方米，并且在美国、日本、德国和韩国设立了海外研发机构和办事处。

【创业历程】

陈秀峰：从贸易商变身打破封锁的民族品牌缔造者

2003 年 9 月，深圳市星源材质科技股份有限公司（以下简称"星源材质"）的前身——深圳市富易达电子科技有限公司成立之初，还只是一家名不见经传的小微企业。15 年后，星源材质一跃成为中国第一家同时拥有干、湿法制备技术的企业，是全球第一家提出动力锂电池隔膜概念的企业，中国第一家产品批量出口海外市场的锂电池隔膜企业，也是中国拥有隔膜制备专利技术最多的锂电池隔膜企业。

星源材质背后的领军人物是巴蜀汉子陈秀峰，经过不懈的拼搏和努力，他终于完成了从贸易商到打破锂电池隔膜封锁的民族品牌缔造者的转变。从他的创业故事中，我们既可以感受到商场如战场一样的惊心动魄，又可以看到中国血性男儿在这场突破新材料封锁战斗中的坚毅顽强。

小贸易商拥有雄心壮志

陈秀峰在银行系统工作了近十年，一直怀着创业的梦想，2003年与几位志同道合的创业人创立了深圳市富易达电子科技有限公司，当时，公司的业务主要是利用与日本各大会社建立的良好业务关系开展各类电子产品、电子材料进出口贸易。

在做贸易生意的时候，陈秀峰发现锂电池隔膜是一个暴利产品，但被日本企业一手垄断着。当时，中国锂离子电池产业处于起步阶段，锂离子电池仅仅局限于笔记本电脑、数码相机和手机等数码产品的部分使用，作为锂离子电池产业重要材料的隔膜却被国外垄断，成了"卡脖子"的产品。陈秀峰想：凭什么我们中国人要受别人的制约？中国如果连锂电池隔膜都不能自主生产，那么锂离子电池产业又怎么能发展起来？总得有一个人站出来干才行。

陈秀峰开始详细了解锂电池隔膜的产业化道路，越了解越觉得异常艰难，原因在于隔膜是锂电池产业中技术门槛和资金门槛最高的环节，而且国内有两个有资金实力和技术储备的大型集团企业投入了不菲的资金研发电池隔膜却收效甚微。陈秀峰在日本找厂商进口锂电池隔膜产品的时候，不知道遭遇过多少辛酸的事情，因为当时日本供应商并不看重中国市场，因而对中国代理商来说，常常处于缺货的状态，要为争取货源四处求人。陈秀峰看到日本供应商处于垄断地位而随意提价、不按时交货、服务不周到，让国内锂电池生产商时刻面临断货的危险，而国内众多锂电池厂商对隔膜材料又如饥似渴地期盼着，陈秀峰夹在中间愁肠百结，他最终决定自己挑头来研制锂电池隔膜，可这几乎是胜算非常渺茫的一条险途，因为要涉及隔膜原料配方、生产工艺、专业生产设备等，而国外厂商对我国进行全面设备封锁，国内也没有相关的技术人才。

即使面对重重困难，陈秀峰仍然果断提出进军锂电池关键材料——锂电池隔膜的研发制造领域，与国内高分子材料研究权威院校四川大学、广东工业大学，建立了具有排他性的产学研合作关系，开始锂电池隔膜研发，走上了一条当时绝大多数人想都不敢想的风险之路。

"如果这次没有成功，我多年从事贸易所获得的利润将全部打水漂，还会背负沉重的债务。"陈秀峰回忆道，"当时身边的亲朋好友也极力反对，可我就是这么个倔脾气，看准的事情谁也拉不回来。其实我并不是学高分子材料出身的，也许是'无知者无畏'，我知道一旦踏上了这条路，就开弓没有回头箭了。"

书写打破材料封锁的传奇

2006 年，凭借着全身心投入和必胜的信念，经过艰苦的研发，公司在锂电池湿法隔膜产业化技术上取得突破，解决了湿法隔膜制造的关键技术问题，在广东东莞樟木头投资建立了锂电池隔膜湿法制造中试生产线。

这条中试生产线凝聚着星源材质所有员工和专家队伍的艰辛努力，为了一个关键的指标实现，星源材质董事长陈秀峰、总裁陈良和四川大学向明教授甚至三天三夜没有离开现场，进行反复调试。当时，没有空调的车间无比闷热，让人汗如雨下，可是为了观察中试生产线的运行情况，所有技术人员都连续数日坚守在现场记录每一个指标数据。就这样，中试生产线终于调试成功，产品性能达到国外同类产品的技术标准。

　　虽然技术上取得了重大突破，但巨大的资金缺口摆在陈秀峰面前。

　　"不畏浮云遮望眼，自缘身在最高层。"陈秀峰清楚地知道：当时仅凭星源材质一家企业的实力是无法独自承担的，必须寻找到志同道合的投资商加入，才有可能把多年的艰苦努力的成果推向产业化。于是，陈秀峰写了一份商业计划书，开始把自己的理想和商业计划向20多个投资机构逐一介绍，并同时仔细考察每个风投机构的投资理念和事业认同感。最终，

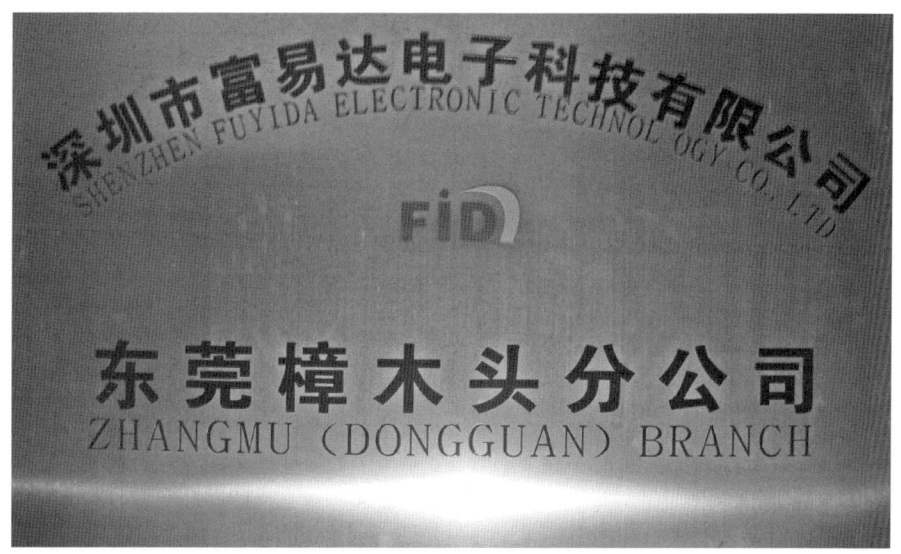

2006年，湿法隔膜研究在东莞樟木头取得重大突破，中试生产线投产

　　踏实肯干、对未来充满强烈信心的陈秀峰取得3家投资机构的高度认可，他们虽然对锂电池隔膜毫无概念，但是清楚知道这是一群真正想做事、能做事、勇于成功的人，这就足够了。

　　2008年初，东方富海等3家投资机构正式投资星源材质锂电池隔膜项目7800万元。公司完成了股份制改造，深圳市星源材质科技股份有限公司正式挂牌成立。

　　这一年，星源材质在锂电池隔膜干法制造技术上取得重大突破，设计制造了国内第一条具有国际先进水平的干法制备隔膜生产线。至此，公司成为全球同时拥有干法、湿法两种制备工艺的锂电池隔膜制造商，打破了

2008年6月30日，星源材质国产锂电池隔膜投产新闻发布会

外国厂家对我国锂电池隔膜技术的封锁。

陈秀峰回忆道："相比湿法制备生产线，干法制备隔膜生产线要短小一些，投资一条干法线四五千万元，对厂房的要求也不是很高，因此我们决定先上马干法生产线批量生产，等条件成熟的时候，再上马湿法生产线，就在2008年底，我们租了西丽百旺信工业园的一栋厂房，上了两条干法制备隔膜线，投入批量生产，每月产能还不到100万平方米，我们生产的锂电池隔膜在国内市场上很快就供不应求了。"

"先人一步"的市场策略

星源材质研制的锂电池隔膜如何才能在国内迅速打开市场呢？陈秀峰虽然过去做过多年的锂电池隔膜代理生意，有一些客户资源，但他还是对市场策略进行了全面的分析，制订出了一个"先人一步"的市场策略。

2008年的时候，国内锂电池主要供应给笔记本电脑、手机和数码相机，这块市场被国外竞争对手尤其是日本厂商牢牢掌控了，而且早已在使用者心目中留下了深刻的品牌形象，如果星源材质要与外国品牌正面争夺这一块市场，并非毫无可能，但会非常费劲而且竞争惨烈。当时有一个利好的消息是，国家进行战略转型，新能源的概念逐渐火热，锂电池作为新能源领域内的重要发展方向得到更多的关注和支持，但是材料领域里还没有企业提出专门针对新能源行业的概念。陈秀峰以高度前瞻性的战略眼光，在全球率先推出自主产品，并定位为"动力锂电池隔膜"，在产品研发和生产上更加偏重于动力电池的高安全性和高容量性上，更加贴近动力电池隔膜的需求，在立足传统数码产品应用的基础上，直接与当时国内的动力电池生产厂家建立联系，开始摸索磨合，给他们提供优良的动力锂电池隔膜。

这一步棋，走得绝妙！正所谓"人无我有，与众不同，一步领先，步步领先"。2009年，公司产品进入市场，获得国内各大客户的认可，产品质量达到国际水平，产品替代进口，为解决制约我国锂电池行业发展的瓶颈——锂电池隔膜做出了重大的贡献。陈秀峰清楚地记得，第一个大订单是2009年3月中航锂电的订单；同年5月份，当时排名全球第二的充电电池生产商比亚迪成为星源材质的第二个大客户。

同年，星源材质被评为"2009年花旗福布斯－最具潜力企业"，其项目被评为"深圳市重大建设项目"，被列入科技部"国家863计划"。同时，星源材质加大在动力电池隔膜的投入，扩大规模朝着"做全世界最好的功能膜"的愿景目标迈进。

深圳市政府领导对星源材质的快速发展非常关注，2008年特批了光明新区（今光明区）的一块土地，而中国工商银行基于这块土地，给予了星源材质1.7亿元的项目贷款，使星源材质有了实力进行更大手笔的部署。"当时，土地价值不到2000万元，却在中国工商银行贷款1.7亿元，按照一般的流程根本做不到，所以这也是中国工商银行破了先例，对新能源材料项目给予特殊支持的结果。如果没有深圳市政府的大力支持，没有银行的鼎力相助，没有连续4轮的投资机构的注资，星源材质根本走不到今天，所以我们能取得今天的成就，是得到无数人的帮助、大家共同努力的结果！"

陈秀峰感激地说。

　　随着公司产品品牌认知度的提高，产品供不应求。2010年，公司在深圳市光明新区投资兴建的占地3万平方米、建筑面积达7万平方米的当时全国最大的动力锂电池隔膜制造基地——华南制造基地顺利落成，并于同年11月18日顺利投产，加快了锂电池隔膜国产化进程，中央电视台新闻联播及全国其他各大媒体争相报道，这标志着公司技术水平、规模、产能同时迈入了行业的最前列。

2009年8月7日，华南锂电池隔膜制造基地奠基仪式

隔膜国产化推动锂电池产业大发展

中国是世界上重要的锂电池生产国，广东省锂电池的生产量约占全国的 2/3，而深圳则占全国产量的 1/2。深圳良好的创新环境，对本土锂电池的研发提升起到积极的推动作用，比亚迪、邦凯、比克、华粤宝等锂电池生产企业快速崛起，已发展成为全球电池行业注目的骨干企业。其中，比亚迪公司在锂离子电池产业领域已位居全世界第三。2010 年之前，深圳锂电池产业经过 10 多年发展，已成为我国最大的锂电池产业化基地，

2010 年 11 月 18 日，星源材质动力锂电池隔膜华南制造基地试产

包括电芯生产、正负极材料生产、电解液、组装等各类配套工厂，但该产业链却是不完整的，其关键材料——锂离子电池隔膜，由于未能实现产业化，成为制约深圳市锂电池行业可持续发展的瓶颈，同时也是我国从锂电池生产大国到锂电池生产强国难以逾越的障碍。

各国争相发展的电动汽车、混合动力汽车都需要电池来提供动力，作为电动车的配套电源，锂离子电池以其突出的性能正在成为核心电源类型。随着新能源汽车的逐渐推广，未来对动力锂电池材料的需求将不断增长。深圳等13个节能与新能源汽车示范推广试点城市正式确定，根据规划，到2012年，我国形成15万辆电动动力汽车的规模，到2015年形成50万辆的规模，按平均每车1500平方米隔膜需求量计算，年产锂离子动力蓄电池高性能隔膜需求为7.5亿平方米。

陈秀峰说："锂电池隔膜成功产业化后，极大地推动了我国锂电池产业的发展，比亚迪、邦凯、比克、华粤宝等国内各大锂电池生产企业不再被外国品牌的隔膜'卡脖子'，可以迅速扩大产能。"有数据显示，2016年我国锂电池隔膜国产化率已经提升至80%以上。

隔膜的应用方向，可以大致分为传统的电子应用类锂电池和新兴的动力锂电池两个方向，2010年前后仍以电子应用类产品为主，占据80%以上的份额。产品应用的不同，对隔膜的要求也不尽相同。电子类产品锂电池工艺成熟，规格稳定，单体容量小，安全稳定性相对较高，主要要求隔膜尽量采用超薄规格来提升电池容量。动力电池由于单体容量较高，发展时间短，安全要求性更高，特别是电动车锂电池，更是对安全性有极高的

2016 年，星源材质荣获"广东省著名商标"

要求，因而在发展初级阶段内要求隔膜在厚度上不宜过薄，以安全性保证为首要要求。但是从长远来看，随着电动汽车的持续发展，为了提高电动车的续航能力及其性能，全球对动力电池重量和体积小型化的要求将逐步提高，锂电池小型化将成为未来的突破重点。为此，隔膜厚度朝薄型化方向发展将是该领域技术发展的趋势，也是市场的客观要求。开发能够同时具有高安全性、高性能和厚度薄的可满足动力电池需求的微孔隔膜将成为进一步发展的必然趋势。

为了满足市场上对高安全性锂电池隔膜的巨大需求，2012 年，星源材质锂电池隔膜华南制造基地上了一条湿法生产线，第一年有 3500 万平方米的产能。"我们早在 2006 年就建成了锂电池湿法隔膜中试生产线，为什么不能批量投产呢？还是受制于资金和厂房，因为湿法制备隔膜投入巨大，一条生产线就要投资 2 亿元，对厂房也有特殊要求，需要 200 米长、9 米高的特殊厂房，我们只有在自己的华南生产基地里才有条件建设湿法生产线。"陈秀峰介绍道。

这条湿法生产线的建设过程，充分体现了星源材质在工艺和设备上追求技术创新、精益求精的理念。湿法隔膜，采用热致相分离，将低分子量的物质与聚乙烯混合，熔融挤出，流延铸片，然后降温发生相分离，再双向拉伸，最后用易挥发的溶剂提取低分子量的物质，制备出微孔隔膜。隔膜产品规格在 16μm 以下，主要满足国际市场车载高性能锂电池及数码产品对超薄高安全性隔膜的需求。

湿法生产线建成后，星源材质成为国内新型超薄高性能动力锂电池隔膜生产的示范基地，打破了国外厂家对超薄高安全性动力锂离子电池隔膜产品的垄断，对我国新能源、新材料行业的发展起到极大的推动作用，对国内锂电池向高性能、高安全、高品质、小型化方面的提升起到关键作用，进一步促进了民族产业的跨越式发展。

不论是干法和湿法生产线的先后布局，还是市场的选择性开拓，都展现了陈秀峰过人的胆略和智慧，这是他基于对产业环境和市场需求的深刻洞察而做出的决断。

在国际市场上擦亮金字招牌

2012 年，对星源材质来说具有非常特殊的意义。这一年，星源材质生产的隔膜材料把美国老牌巨头拉下马，成功进入韩国 LG 化学的采购体系，而且时至今日，星源材质都是 LG 化学干法隔膜的唯一供应商。星源材质在国际市场上擦亮了金字招牌，先后与美国 A123、法国 SAFT、日本村田等国外知名锂电企业建立合作关系，在国际化发展道路上迈出了重要步伐，这与当年陈秀峰去日本四处寻找隔膜货源的窘迫境遇已经大相径庭。

LG 化学之前从美国老牌隔膜供应商采购隔膜，但美国老牌巨头配合不好，质量存在问题。2011 年，LG 化学希望有机会换一家供应商，在全球寻找更合适的隔膜供应商，星源材质在这个时候进入了 LG 化学的视野。2012 年，LG 集团锂电事业部部长权应寿与陈秀峰见面，没想到两人一见如故，权应寿说他从少年时代就开始思考人来到这个世界是干什么的，思考的结果是人需要帮助他人、成就他人。陈秀峰在商海打拼多年，也深刻体会到"成就别人就是成就自己"的人生哲理。在哲学高度上有一致的认识，两人遂建立了深厚的友谊。星源材质取代美国老牌隔膜供应商成为 LG 化学干法隔膜的供应商也就是水到渠成的事情。

日本锂电企业提出低内阻、超高强度等特殊要求的湿法隔膜，星源材质都可以设计出产品结构、材料配方和相关生产工艺，在 3—6 个月内做出满足客户需求的样品。于是，日本 NEC、村田等著名企业都成为星源材质的客户，订单像雪片一样飞过来。目前星源材质的隔膜产品 50% 以上出口海外市场，成为中国隔膜最大的出口企业。

2012 年，星源材质被评为科技部"国家火炬计划重点高新技术企业"。星源材质集中精力苦练内功，优化组织结构，精简管理流程，降低制造成本，建立和完善各种激励竞争机制，同时加强资源整合，加大科研与技改力度，新品涂覆隔膜相继开发并投放市场，大大增强了企业竞争力，促进了企业更加健康、稳定地快速发展。在稳定与国内客户合作的同时，公司加强海外业务拓展，在国际化发展道路上迈出了重要步伐。

　　2016 年，星源材质以 1.2 亿平方米的销量摘得国内干法隔膜销量第一的桂冠。同年，星源材质被评为"广东省著名商标"。

扩大产能满足中高端市场需求

　　2016 年 12 月 1 日，星源材质在深交所上市大厅敲响开市宝钟，星源材质成功上市（股票代码：300568），并进入中国资本市场 3000 家之列。星源材质利用登陆中国资本市场的契机，加速把企业做强、做大，更好地

2016 年 12 月 1 日，公司在深交所挂牌上市，股票简称星源材质，股票代码 300568

回馈社会。

　　有的企业登陆资本市场后，会做各种投资兼并，进行多元化布局，而陈秀峰仍然心无旁骛，埋头深耕锂电池隔膜产业，两年多时间取得了不俗的成绩。

　　2017年，根据锂电池行业发展整体趋势和上市公司的发展机遇，陈秀峰提出了"2020年公司成为行业规模世界前三的国际化企业"的战略目标，并加快国内产能扩张和海外基地建设，形成了国内四大生产基地——深圳星源、合肥星源、常州星源、江苏星源，在美国硅谷、日本大阪设立了两个海外研究中心，在德国设立了合资公司——星源–飞马新材料（欧洲）

2017年6月，常州星源生产基地奠基

2017 年 7 月 12 日，合肥星源投产仪式

有限责任公司，进行全球化战略产业布局。

陈秀峰斩钉截铁地说："我们的目标是 2021 年成为全球最大的锂电池隔膜生产企业，占全球 25% 的市场份额，70% 的产品出口海外。"

人才是发展未来产业的核心武器，星源材质开展人才"猎鹰计划"，引

　　进日本、韩国、德国等国家的行业专家人才加盟星源，引进职业化管理团队，旨在打造国际一流的人才队伍，实现星源材质国际化战略目标。

　　据高工锂电产业研究所调研，在 2012—2016 年中国隔膜产值排名中，星源材质均名列前茅。2014 年公司在全球市场占有率为 5%，2015 年上升至 7%，全球排名上升至第五位，销售额国内第一（数据来源：高工锂电产业研究所）。星源材质承担了两项国家 863 课题 —— "锂离子动力蓄电池隔膜产业化关键技术研究"与"锂离子动力蓄电池高安全性复合隔膜产业化"。"高安全性锂电池复合隔离膜产业化技术"项目被列为国家火炬计

星源材质荣获"2018 中国锂电池行业最佳材料品牌"奖

划重点项目，"新型超薄高性能动力锂电池隔膜产业化"项目被列为国家火炬计划产业化示范项目。

2017年，星源材质顺利获批成立锂电池隔膜制备及检测技术国家地方联合工程研究中心，不断提高研发、工程化实验能力，提高自主创新能力，推进从中国制造变更为中国创造的企业梦想。截至2019年5月，星源材质专利申请数量累计超过200项，其中已经获得授权的专利数量累计达到74项（含韩国专利1项）。

近年来，各种荣誉纷至沓来：公司获评"2017年度广东省政府质量奖""2018中国锂电池行业最佳材料品牌""2018第八届中国上市公司口碑榜新能源产业最具成长上市公司奖"等，星源材质董事长陈秀峰2019年4月获评"深圳市质量强市金质奖章"。陈秀峰与任正非、王传福、马化腾等72人在2018年底的"光荣与梦想——2018粤港澳大湾区上市公司发展机遇论坛"上获选"湾区精神杰出企业家"，入选榜单的理由精辟地总结了陈秀峰的创业成就："从贸易商到'膜法师'，从打破垄断到一马当先，他用7年时间突破技术壁垒，带领企业进军锂电池隔膜并成为行业龙头。"

星源材质在锂电池隔膜领域打破了国外对我国的技术封锁，为国家新材料产业做出了重要贡献，在报效祖国中实现了创业者的人生价值。在未来的征途中，他们还将继续坚持创新，不断开拓进取，让"中国创造"响彻世界。

【专家眺望】
中国有望成为锂电池隔膜生产强国

虽然在十几年前，中国锂电池产业受制于锂电池隔膜，隔膜市场全被日本、美国的厂商垄断着，但是随着国内以四川大学为代表的科研院所在锂电池制备工艺上的突破，再加上生产企业的大量资金投入，中国在全球锂电池隔膜市场份额迅速增加。2016 年，全球隔膜出货量在 33.8 亿平方米左右，中国出货量达到 10.84 亿平方米，全球市场占有率已经达到 32%。

星源材质董事长陈秀峰指出，未来随着一大批湿法隔膜产能的陆续投产，预计 2020 年中国在全球市场的占比将超过 60%，其中，星源材质有望占全球 25% 的市场份额。届时，将实现隔膜全面国产化，并向全球市场出口，中国有望成为锂电池隔膜的生产强国。

政策利好推动锂电池产业发展

近年来，国务院及相关部委出台了一系列政策规划促进新能源汽车的发展。2016 年 11 月，在 "2016 中国汽车工程学会年会" 上，《节能与新能源汽车技术路线图》正式发布了。根据此技术路线，2020 年的纯电动汽车动力电池的能量密度目标为 350Wh/kg，2025 年目标为 400Wh/kg，

2030 年目标为 500Wh/kg。

2016 年 11 月 29 日，《"十三五"国家战略性新兴产业发展规划》中提出了"新能源汽车动力电池提升工程"，指出"完善动力电池研发体系，加快动力电池创新中心建设，突破高安全性、长寿命、高能量密度锂离子电池等技术瓶颈。在关键电池材料、关键生产设备等领域构建若干技术创新中心，突破高容量正负极材料、高安全性隔膜和功能性电解液技术。加大生产、控制和检测设备创新，推进全产业链工程技术能力建设。开展燃料电池、全固态锂离子电池、金属空气电池、锂硫电池等领域新技术研究开发"。

2016 年 11 月，工业和信息化部召开了关于进一步做好新能源汽车推广应用安全监管工作的宣贯会，此次宣贯会指出，新申请《新能源汽车推广应用推荐车型目录》的使用三元电池的客车，应同时补交第三方检测报告。该条款表明，在通过热失控试验和热失控扩展试验测试的前提下，三元锂电池客车可申请加入推荐目录，这标志着三元电池在客车上的应用自 2017 年 1 月 1 日起解禁。三元电池在锂离子电池发展趋势下迎来新的增长期。

财政部、科技部、工业和信息化部、国家发展改革委等四部委于 2016 年 12 月 29 日发布的《关于调整新能源汽车推广应用财政补贴政策的通知》（以下简称《通知》），对新能源汽车的补贴标准进行了调整，其中提高了对能量密度水平的要求。财政部、工业和信息化部、交通运输部、国家发展改革委等四部委于 2019 年 5 月发布了《关于支持新能源公交车推广应用的通知》，推动公交行业转型升级，加快公交车新能源化。

据介绍，锂电池隔膜是多方面影响锂电池性能的四大关键材料之一，而锂电池的下游需求主要来自消费类电池、动力电池和锂电储能三大领域。

第一个领域是消费类电池。这是锂电池自商用以来最主要的应用领域，主要包括手机、平板电脑、数码相机、笔记本电脑等传统 3C 数码类需求，以及导航设备、可穿戴设备等新兴需求；传统 3C 数码类需求缓慢下滑，笔记本电脑和平板电脑的市场趋近饱和，3C 电子产品用锂电池的占比在 2016 年首次被动力电池超过。预计 2017—2020 年，3C 产品用锂电池的增速在 5%—7% 之间，到 2020 年 3C 产品对锂电池总需求量预计将达到 36.6GWh。

第二个领域是动力电池。动力电池受到新能源汽车需求爆发的直接拉动，2014 年以来其出货量也呈现同步高速增长态势；按政策规划至 2020 年新能源汽车年产量达 200 万辆，因此预计至 2020 年动力电池复合增速将达到 40% 以上。

第三个领域是锂电储能。因为锂离子电池代表绿色储能技术的发展方向，经过多年的发展，锂离子电池已在体积比能量、质量比能量、质量比功率、循环寿命和充放电效率等方面优于传统二次电池，并具备绿色环保、可持续发展等突出优势，成为化学电源领域最具竞争力的储能方式。随着全球对环境保护、节能降耗的要求日益严格，锂离子电池代表着绿色储能技术的未来发展方向，已经成为各国政府优先支持和重点发展的新能源产业。我国政府对新能源以及储能行业高度重视，近年来陆续推出多项政策和规划，大力推进储能体系的建设，这也加快了锂电池在储能市场的应用。2015 年中国储能市场中，锂离子电池的装机份额占到 66%，其次是铅蓄电池和液流电池。根据锂电大数据的预测，2020 年中国锂电池储能市场需求量将达到 16.64GWh。

有关专家综合对上述三个领域的预测，根据实际生产情况，每吉瓦时（GWh）带电量大约需要使用 0.2 亿平方米锂电池隔膜，因此预计 2020 年国内锂电池市场对隔膜的总需求量将达到 34.8 亿平方米。

湿法隔膜需求量逐年提升

有关专家指出，在 2016 年及以前，新能源汽车普遍采用磷酸铁锂作为正极材料。由于新能源汽车补贴政策对电池能量密度提出更高要求，而磷酸铁锂能量密度低，导致只有在客车领域和少数技术实力较强的生产厂家能够达到《通知》中规定的相关标准。为满足该文件的相关要求，目前众多动力电池厂家所采用的正极材料已经开始逐步向能量密度较高的三元材料进行转化。

那么，电池厂家对正极材料选择的变化，也直接影响到对电池隔膜的不同需求。相较于干法隔膜，湿法涂覆隔膜更加适用于三元材料。随着采用三元电池的新能源乘用车在市场中的占比不断提升，也必然会极大地扩大适用于三元材料的湿法涂覆隔膜的市场需求。

与国外企业相比，过去几年，国内企业生产的隔膜主要以干法拉伸为主，且多为中低端产品，高端湿法隔膜多年来一直被国外企业垄断。但是近年来随着国内隔膜生产企业在湿法生产工艺上的持续改进，湿法隔膜的产量和性能越来越接近国外企业水平，国内企业纷纷迅速扩产湿法隔膜，隔膜市场的格局也发生变化。

三元电池占据主流，使得湿法隔膜需求量日益提升。2014 年以来，湿法隔膜产量在隔膜总产量中的占比逐年提高，当前湿法隔膜产量占比已达到 50% 以上，湿法替代干法的趋势已逐渐形成。此外，由于隔膜在电动车中价值量占比不高，湿法代替干法对车企或电池企业的成本边际影响并不大，下游客户的驱动性较强。

星源材质在实现干法隔膜全球第一的目标后，开始大规模向湿法与涂覆进军。湿法和涂覆逐渐成为隔膜行业发展的大趋势。星源材质作为干法龙头，也顺应行业发展趋势，2017 年以来大规模扩建湿法和涂覆产能。陈秀峰介绍，星源材质现有干法隔膜产能约 1.8 亿平方米，湿法产能约 1.1 亿平方米。星源材质子公司常州星源投资 20 亿元，建设 8 条湿法隔膜生产线，达产后形成湿法隔膜年产能 3.6 亿平方米，一期项目目前已投产；江苏星源投资 30 亿元建设"超级涂覆工厂"，建设 8 条干法隔膜生产线、50 条涂覆隔膜生产线，达产后形成干法隔膜年产能 4 亿平方米、涂覆隔膜年加工能力 10 亿平方米。公司产能高速扩张，携带技术不断升级，捍卫干法隔膜龙头地位的同时充分缓解湿法产能瓶颈。

由于涂覆加工的主要目的是改善基膜热稳定性、机械强度、耐刺穿能力等方面的性能表现，若基膜生产与后端涂覆加工形成一个整体的连续化生产，减少中间部分分切工序，可进一步提升最终隔膜产品的收得率并降低生产成本；更重要的是，涂覆隔膜产品涂覆材料、涂覆方案等，根据动力电池企业的终端需求不同具备更多的定制可能和联合研发可能，可体现出产品差异化，因此将成为未来隔膜领域最具备价值量的环节之一。

全球隔膜的市场份额将向中国集中

我国发展锂电池隔膜技术较国外企业要晚一些，但最近十几年里中国企业在锂电池隔膜行业迅速发展，在全球市场上占据了一席之地。尤其在

2018 年 5 月，江苏星源（超级涂覆项目）奠基仪式举行

2010 年之后，在新能源汽车产业链的带动下，锂电池行业迅速发展，我国隔膜销量从 2010 年的 0.55 亿平方米迅速增长到 2016 年的 10.84 亿平方米，年复合增长率达到 64.3%。

国外锂电池隔膜"兵团"主要是日本的隔膜生产企业旭化成、东燃、宇部和住友化学，韩国的隔膜生产企业主要为 SK 创新和 W-scope。2015 年，日本旭化成收购美国企业 Celgard，美国企业退出锂电池隔膜市场（2015 年 Celgard 市场份额仍计入美国企业）。

随着全球锂电池市场的迅速增长，国外锂电池隔膜生产企业也纷纷扩大产能。比如，日本旭化成在 2017 年 3 月宣布投资 150 亿日元，计划在 2019 年达到 2 亿平方米湿法隔膜产能；日本住友化学则计划将产能扩大 4 倍，在 2018 年产能达到 4 亿平方米；韩国 W-scope 在 2016 年 9 月宣布投资 3000 万美元在韩国新建生产线，2018 年底产能达到 3 亿平方米。

面对国外的竞争对手纷纷扩产的现象，陈秀峰不以为意，他表示国产隔膜与洋品牌的价格差距仍然很大，国产隔膜性能上并没有输给外国货，那么他们扩产并不意味着能够多赚钱，如此一来，经济账算不过来，造成日本厂商的扩产只是虚张声势，缺乏深层的动力，所以，从未来的市场版图看，全球隔膜的市场份额向中国集中将势不可当。

大湾区有望成为全球新材料产业基地

陈秀峰认为，新能源新材料产业处于发展的初级阶段，发展空间巨大，尤其储能电站是一个非常重要的发展方向，对锂电池隔膜需求量巨大。

他透露，星源材质未来将在继续推进锂电池隔膜技术创新的基础上，加大在高分子功能膜领域的研发力度，积极开展铝塑复合膜、海水淡化膜、血液透析膜、石墨烯导热膜、高性能阻隔膜等高分子功能膜材料改性及产品工程化研究，拓展产品线。因为，目前仍有大量的功能膜被外国企业所垄断，比如，海水淡化膜、燃料电池的质子交换膜、光学膜等，尤其是关系到国计民生的重要的功能膜产品。星源材质有必要加快研发布局，争取未来3—5年，星源材质要成为功能膜领域技术领先型企业。为了达到这个目标，公司积极参与和跟踪世界顶级研究院的研发工作，与国际上最先进的科学家进行沟通交流，组建国际化的人才团队。

陈秀峰指出，新材料是基础产业，对国民经济的贡献巨大，世界上的发达国家十分重视新材料产业的发展。新材料产业的核心是资金和人才两个条件，因此政府应加大对国外高端人才的引进，加大对新材料企业的支持力度。材料是我国经济发展的一个短板，粤港澳大湾区产业基础好，只有优化吸引人才和资金这两个最关键的条件，才有机会成为全国乃至全球的新材料产业基地。

02 烯湾科技：
自研新一代碳纳米管纤维复合材料

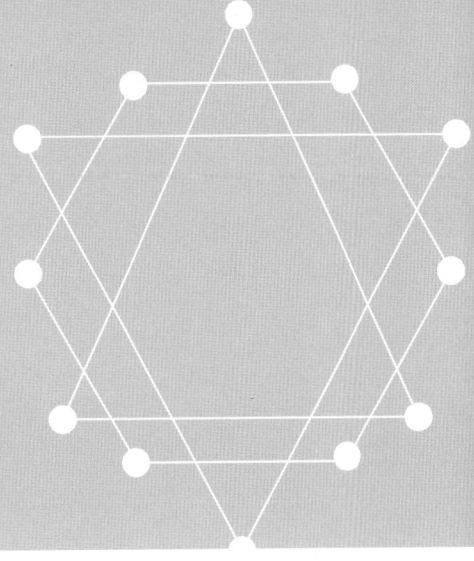

粤港澳大湾区战略性新兴产业研究

企业档案

烯湾科技

　　深圳烯湾科技有限公司（以下简称"烯湾科技"）于2016年6月在深圳注册成立，通过自主开发创新，仅用不到两年时间，便实现了碳纳米管纤维的产业化，成为全球首个实现突破的高新技术企业。产品性能达到国际领先水平，被业界誉为"下一代新型高强度纤维材料"，可广泛应用于航空航天、高铁制造、新能源电池等领域，有望助力中国在碳纳米材料领域实现弯道超车。

　　作为碳纳米管纤维材料的先行者，烯湾科技掌握了高性能基础材料领域的一系列核心科技，研发成果及未来产业化前景受到业界和投资人的广泛关注和高度认可，目前企业估值超过10亿元。

【创业历程】
邓飞：瞄准"黑色黄金"产业化进军

有一种被誉为"终极纤维材料"的新材料，让无数材料科学家为之魂牵梦绕。这种材料就是碳纳米管纤维，它也是高性能纤维材料的新一代产品。

众所周知，目前高性能纤维是国内外较多使用的材料，被我国列为国防航空科技发展的重点研究对象。然而，其现有制备关键技术被美国、日本等发达国家长期垄断，我国高性能纤维行业长期受到技术封锁和产品禁运以及价格打压。

碳纳米管作为新一代高性能纤维材料的基础材料，其拥有连接完美的六边形结构，具有很多特性：它的强度比目前最高强度的钢还高 270 倍，重量却只有钢的 1/6，同时拥有良好的柔韧性，可以拉伸。如果中国能在碳纳米管纤维材料领域率先实现产业化，就能有力地打破发达国家对我国高性能纤维材料技术的全面封锁。这恰恰是深圳烯湾科技有限公司董事长、首席科学家邓飞博士最大的梦想，他毅然选择回国创业，竭尽全力为祖国锻造出"黑色黄金"。

"民族情怀让我孜孜以求"

"你们是弓，你们的孩子是被射出的生命之箭。射手瞄准无限的目标，用力将你弯曲，让他的箭射得又快又远。你在射手的手中应该感到愉悦，因为他爱射出的飞箭，也珍爱手中的弯弓。"

纪伯伦在《先知》中写的关于孩子的散文诗，是对大人最优美、最深刻的期待。

邓飞与他的父亲，就如这段文字所描写的那般，邓飞就是他父亲的生命之箭，在新材料领域的探索征程中划出一道耀眼的轨迹。

邓飞

　　1986 年，邓飞的父亲作为第一个中国农民代表被中国政府公派日本留学，来到日本东京大学陶瓷专业攻读博士学位。邓飞跟随祖父在江西老家长大，后来祖父去世后就随父母去日本读书。邓飞在日本读高一的时候，父亲因他的中文学得不好而暗暗着急，让其回到江西南昌读高中，加强母语学习。就读南昌三中时，他与章胜华是同班同学。"章胜华当时是班上的体育委员，为人热情，沟通、组织能力都很强；我在日本读大学期间，假期回到江西老家，都会与章胜华畅谈未来，我们是无话不谈的好朋友。"

　　章胜华后来成为邓飞回国进行成果产业化的黄金搭档。

章胜华（左）与邓飞（右）

　　邓飞的父亲常常告诉他：20 世纪 80 年代中期，家里十分贫穷，连去日本的船票都买不起，在祖国和社会的帮助下，才有了东渡日本求学的机会。中国在新材料方面的研究还远远落后于日本，而材料产业又是一切高科技发展的基础。邓飞作为在日本求学的第二代中国公民，心底有着强烈的民族情怀，以"材料专业"作为大学研究方向，紧随父亲的脚步，钻研新一代碳纳米管材料。

"我曾追随复合材料领域权威专家的足迹，先后到日本、澳大利亚、美国等地求学，潜心研究碳纳米管纤维材料多年，民族情怀一直是支撑我前行的动力。"邓飞介绍道，"当我读大学的时候，发现身为中国籍的自己是被禁止触碰'高性能纤维'研究课题的，民族情感受到很大伤害，我常常自问：为何我就不能将碳纳米管纤维材料产业化呢？可以说从研究生阶段，这颗种子就在我心底生根发芽。"

邓飞在日本筑波大学材料专业攻读本科及硕士期间，曾担任筑波大学国际学生会主席、筑波市国际交流委员会会长；先后获得筑波银行最优秀留学生奖学金、日本文部省私费留学生称号、优秀留学生奖等荣誉；并成功地组织了筑波国际和平大会，参会的有20多个国家领事馆官员、筑波市市长、筑波国际交流会会长以及筑波大学200多名留学生和500多名大学生。

在学术方面，邓飞取得了优秀成果：①全球首次在透射电子显微镜里对银原子链的力学、电学性能测试，用实验结果合理地解释了金属材料的量子力学以及电学等物理性能；②全球首次检测单根多壁碳纳米管与树脂之间界面的力学和导电性能，获得了学术界高度评价。

邓飞虽取得了众多的科研成果，但有一种心病却无人可以医治。在同学们一起喝酒聊天的时候，他最怕大家喝醉，因为这个时候他的日本同学常常会掩饰不住内心对中国材料科学的轻蔑。"平时他们不会说出真实的想法,可能借助酒力,就能大胆地说出来内心的想法,同学们在谈论全球新材料的未来时,会议论美国或者德国等发达国家的哪位教授可能改变新材料的未来,而一说到中国的材料专家他们却都是一脸的不屑,我内心深处有一种家人被骂的感觉,很不是滋味。"邓飞回忆这段痛苦的经历,语气很是激动。

邓飞感觉最为荣幸的是,在日本东京大学先端能源工学系先进纳米复合材料专业攻读博士学位期间,他师从日本东京大学副校长、碳复合材料领域国际知名科学家武田展雄教授(现任日本交通安全委员会委员长),这位德高望重的材料专家不仅学术功底扎实,而且非常欣赏他的刻苦钻研。"他非常认可我的能力,并给我指出了一个前沿的研究方向,就是新一代碳纳米管纤维材料。因为当时我作为中国国籍的学生,是不能接触高性能纤维这个课题的,而新一代碳纳米管纤维却是一个非常前沿的研究方向,我就把所有的精力都放在这个材料的研发上。在此期间,我进入日本JAXA[1]开展项目研究合作,专注开发新一代的碳纳米管纤维复合材料,也是迄今为止拥有在日本 JAXA 研究工作经历的唯一一个中国人。"

令人瞩目的是,邓飞的相关研究成果获得了学术界的一致认可,曾受邀在国际复合材料大会、环太平洋复合材料大会、美日复合材料学术会以及中日复合材料大会上做学术报告,成果突出并获得了多项学术报告奖。但他并没有止步,一直致力于碳纳米管复合材料的最新技术研究。博士毕

1　日本宇宙航空研究开发机构(Japan Aerospace Exploration Agency),简称JAXA,是负责日本的航空、太空开发事业的独立行政法人。

业后,澳大利亚 CSIRO 邀请他继续开展碳纳米管复合材料方面的学术研究。

　　博士后期间,邓飞师从国际权威科学家、复合材料界泰斗、美国特拉华大学复合材料中心创始人之一邹祖炜教授,并在特拉华大学复合材料中心工作。该中心成立于 1974 年,是全美最大的复合材料研究中心之一,也是当前主流航空工业所用高性能纤维增强复合材料的研发机构,并具有世界顶尖的研究水平和研发团队。

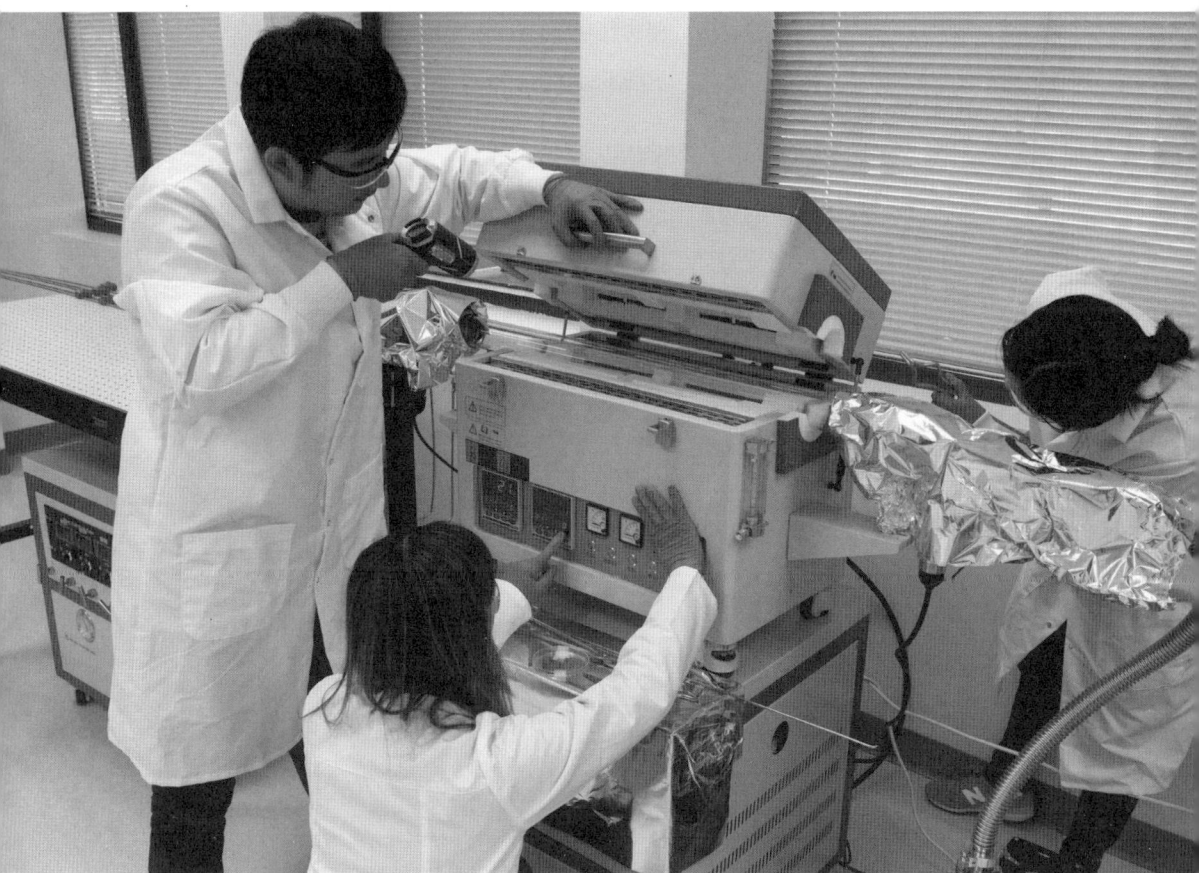

研发照

在美国，邓飞也常常感受到身为华人，在新材料研究领域处处受限，与日本一样，美国特拉华大学也不让中国学生涉足高性能纤维复合材料的研究领域。

"在美国工作期间，我拿着美国教授的高工资，生活也非常舒适安逸，假期徜徉在宾夕法尼亚州波克诺山脉的旅游胜地，可我的心情并不轻松惬意，一想到中国在高性能纤维材料产业化方面一直受制于发达国家，心里就会阵阵难过。我的父亲从小就灌输给我身为中国人的民族大义，即使是做一名普通的学者，也要有很强烈的民族情怀，要有用所学的知识为祖国突破材料壁垒的使命感。"邓飞说。

民族情怀，是一种绿叶对根的情怀，是一种走到天涯海角也无法割舍的、血浓于水的情怀。创业是非常艰难的道路，但有了一颗产业报国的赤子心，再难的道路也要坚持走下去，中国一定要尽早打通自己的碳纳米管纤维材料产业化之路，才能突破发达国家的封锁和压制。

新材料产业亟需打破国外垄断

"新材料中，高性能纤维是重中之重，我国却一直难有大的突破，特别是不均率高、毛丝多，力学性能也上不去，和国外产品质量差距越拉越大，无法制备航空航天结构材料。"已故的中国材料科学之父师昌绪曾公开坦言。

邓飞介绍，高性能纤维是由有机固体高分子纤维在 1000℃至 3000℃

的高温、惰性气体环境下，高温分解、石墨化而成的含碳量 90% 以上的纤维。其力学、化学、电学等性能优异，是国民经济与国防建设不可缺少的战略性新兴材料。碳纳米管是制造碳纳米管纤维的基础材料，其拥有连接完美的六边形结构，具有很多独特的性质：它的强度比最高强度的钢还高270 倍，重量却只有钢的 1/6 ，同时拥有良好的柔韧性，可以拉伸。20 世纪 90 年代初，日本发现了碳纳米管这种新型材料，全球范围对碳纳米管的研究形成一个巨大的潮流。

简单地说，碳纳米管是材料领域导电性、导热性和力学性最好的材料，除此之外，它还是最轻的材料。碳纳米管纤维强化的先进纳米复合材料具

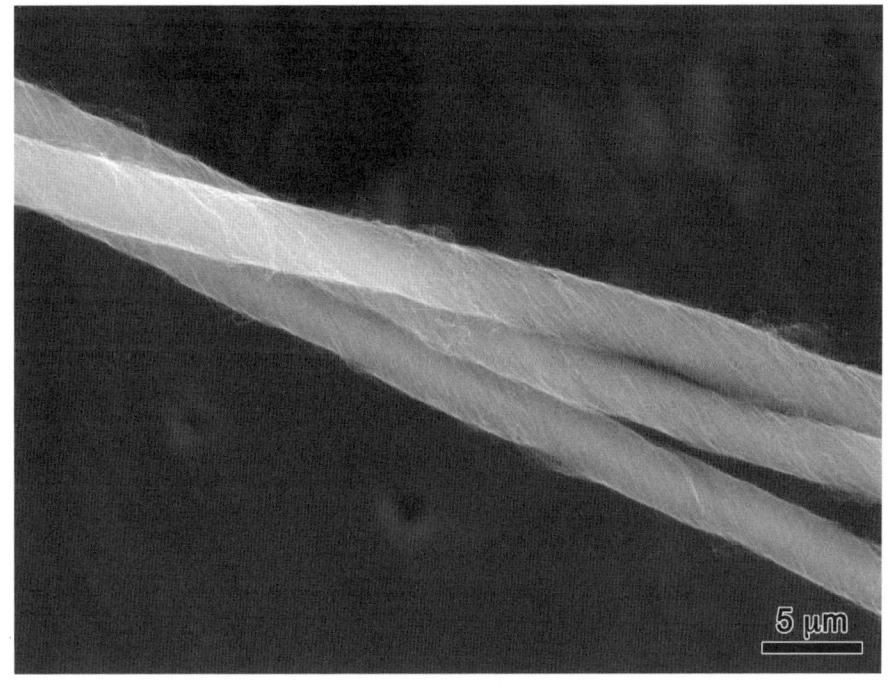

电镜下的碳纳米管

有质量轻、强度高、弹性模量高的特点。同等强度下碳纳米管纤维复合材料的重量仅为铝合金的1/7，性能超过目前运用于航空航天上的高性能纤维复合材料，其不仅在民用领域应用场景广泛，对于武器装备性能提升同样贡献巨大，已被广泛用于制造航空器机体及发动机、火箭外壳等领域。

以航空航天用复合材料为例，随着飞行器各项功能不断提高和石油燃料价格不断上涨，在航空飞机的主要结构件上，高性能纤维强化复合材料的比重越来越大，对材料的力学性能的要求也越来越高。

在高端汽车领域中，高性能纤维复合材料的使用也形成趋势。高性能纤维复合材料将轻量化与高强度、高安全性相结合，可以极大地提升驾驶体验。如果将高性能纤维复合材料应用扩展到普通汽车领域，可以极大地降低能源消耗，减少环境污染。

章胜华补充道："除了航空航天和汽车领域，高性能纤维复合材料还可用于风电叶片、储氢罐、燃料电池、电池及超级电容器等新能源和民用器械领域。随着下一代能源领域不断拓展，民用高性能纤维的需求比重将会越来越大。出于种种原因，我国高性能纤维行业长期受到技术封锁和产品禁运以及价格打压。目前，国内生产的高性能纤维，大多都无法保证产品性能均一、稳定，制造成本居高不下。这导致在国产大飞机、战斗机、无人机等众多重大国防项目上，以及汽车、工业器械制造等领域中，先进复合材料的使用率和合格率距离国际先进水平仍有不小差距。落后的材料研发、生产技术严重制约了我国高端制造的发展。"

截至目前，能够达到美国联邦航空局国际标准性能、可以在客机中大量使用的高性能纤维生产技术，基本掌握在美国、日本的少数几家公司手中，而达到飞机使用最高标准等级的 T800H、T800S，几乎被日本东丽公司独家垄断。为此，国务院 2015 年公布的《中国制造 2025》10 年行动纲领中，将高性能纤维材料作为国防航空科技发展的重点研究对象，并对高性能纤维材料的研发生产做出了战略规划。

创业黄金搭档应运而生

碳纳米管纤维虽然拥有巨大的应用价值，但是大多停留在研发实验室阶段，很难突破规模化量产，被业内誉为"黑色黄金"。

邓飞虽然一直在海外求学，但是他心底有个梦想，希望能把所学的知识在祖国实现产业化，"我最初的想法是把碳纳米管纤维从'黑色黄金'，做成比铁还应用广泛的基础材料，支撑起大家所畅想的未来智慧生活"。那么，谁是产业化的搭档呢？他心里有一个非常好的人选，那就是他的高中好友章胜华。

邓飞向章胜华坦言，他想在美国特拉华成立一个实验室，致力于碳纳米管纤维产业化实验。其在职的特拉华大学复合材料中心作为高性能纤维材料及先进复合材料的权威研发机构，具有世界顶尖的研发团队和科研技术，可为此项目积累坚实的技术储备，他希望能带领团队实现技术突破，并回到中国实现产业化落地。

当时的章胜华刚好带领公司转型做智能硬件的研发生产，他曾任职富

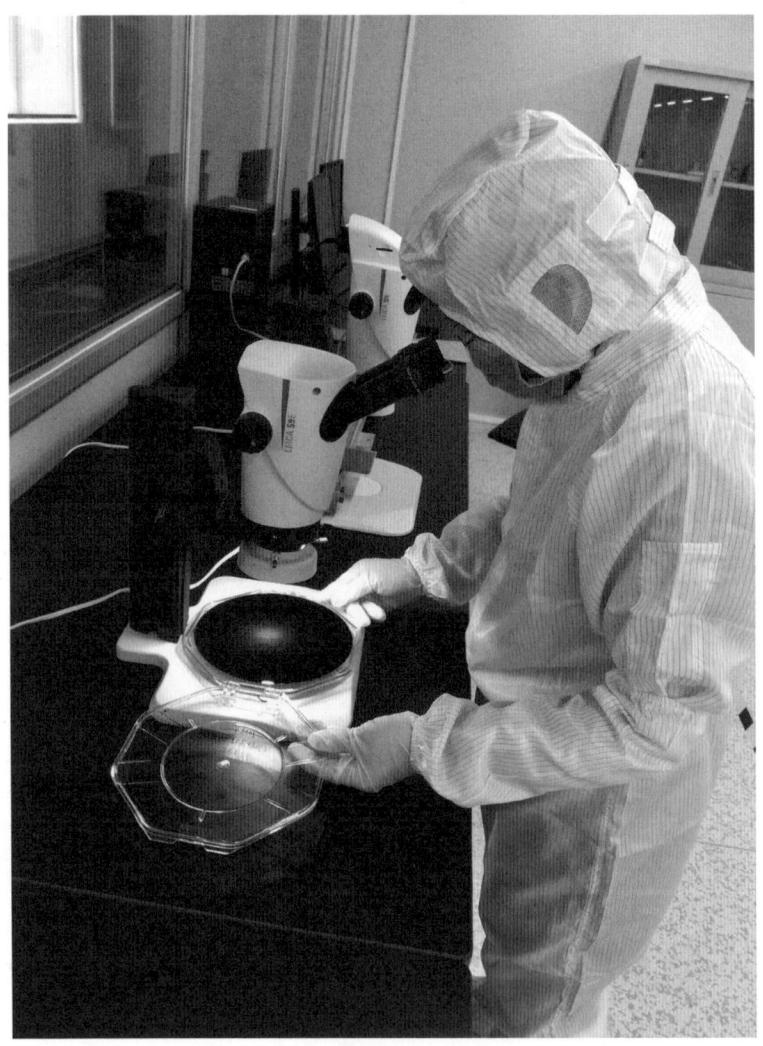

产品研发

士康集团、深圳国人通信、AndyData China、银星投资集团、深圳领耀东方科技股份公司等公司项目工程师、运营总监、产品总监、副总经理、总经理等职位，在公司生产、运营、项目管理、研发管理、企业战略规划、经营管理及企业投融资等方面有丰富的经验，同时在通信、物联网等领域有着多次成功的创业经历。邓飞的这个想法马上得到他的支持。

邓飞常常感叹自己非常幸运，能遇到章胜华作为事业上的搭档："他非常接地气，有丰富的创业经验，明白一项技术成果成功产业化如何从'0-1'走到'1-N'阶段，这类实际操作产业化经验极其珍贵，可以提升我们初创企业的成功率。"

章胜华对邓飞说："虽然过去几年我创办手机方案公司赚了些钱，但是天天应对客户需求，为客户赶货、议价，真正是'赚着卖白菜的钱，操着卖白粉的心'，让人身心疲惫。所以，我想做一家真正拥有核心技术的伟大企业：企业受人尊敬，员工受人尊重。碳纳米管纤维属于世界顶尖的新材料技术，而你拥有该领域的核心知识产权，我想我们可以一起做，实现我们共同的梦想！"就这样，章胜华给邓飞的实验室投资了数十万美元作为启动经费。

邓飞在美国特拉华的实验室历时 4 年，快速组建了一支实力雄厚的技术团队（博士成员由 3 人增加到 11 人），突破了相关技术瓶颈，为回国实现碳纳米管纤维产业化奠定基础。在他看来，当时学术界、企业界均未解决碳纳米管纤维量产的技术难题，烯湾科技有望在该领域率先突围，实现新材料领域的弯道超车。

两位好友为"推动碳纳米管纤维产业化"这一共同事业目标而奋斗。

深圳成为锻造"黑色黄金"的总部

邓飞在美国特拉华的研发团队夜以继日地研发，攻克了一个又一个技术难题！与邓飞同样兴奋、激动的还有大洋彼岸的章胜华。

2015年底，邓飞从美国回到江西南昌过春节，兴奋地告诉章胜华："实验室的研究结果表示，技术取得了重大突破，技术团队已研发出可量产的碳纳米管纤维材料，其性能可与国内外高性能纤维材料媲美，而其制备工艺较为简单、原材料较为广泛，制造成本也相对较低。"

章胜华说："这是个大项目，我们必须全身心地投入到该项目的产业化中去。"邓飞对此表示赞同，就此达成一致。届时，章胜华毅然决定退出其参与创办的新三板上市公司的管理团队，全力去做碳纳米管纤维材料产业化的工作。邓飞也辞去美国特拉华大学副教授级别的永久职务，全力投入到这项新兴事业中。

2016年5月，邓飞奔赴深圳，与章胜华一同拜访了松禾资本的厉伟和罗飞。该投资机构较为认同本项目，一方面看好碳纳米管纤维这个新兴的材料产业；另一方面看好邓飞和章胜华这两个同学组成的黄金搭档。邓飞在技术研发上有很强的实力，章胜华在产业化道路上经验丰富，而且邓飞已组建有一支博士研发团队，团队成员均毕业于国外知名院校，不仅覆盖了该项目涉及的学科和方向，更拥有丰富的量产流程及自动化设备设计经验。松禾资本很快决定给予烯湾科技超千万元的风险投资。

2016 年 6 月，深圳烯湾科技公司在深圳龙岗天安数码城宣告成立。邓飞感激地说："我们的项目能在深圳落地，首先要特别感谢深圳市政府、龙岗区政府和龙岗天安数码城，当初我只是带着一根碳纳米管纤维丝样品和一个 PPT 资料回国的，我给龙岗区科创局领导做了项目介绍，他们带我到深圳市科创委，深圳市科技主管部门领导非常开明，引荐松禾资本等国内知名投资机构给我们。我们快速地完成天使轮融资，开启了产业化进程。在龙岗区政府的政策帮扶下，我们的生产基地顺利落户龙岗区大运软件小镇。"

有了资本注入后，烯湾科技在深圳、美国、日本三地全球同步运营。在公司规划中：深圳是产业化总部；美国的特拉华实验室重点研发下一代碳纳米管纤维材料技术；日本东京的实验室重点致力于生产设备和工艺的提升。

研发结出累累硕果实现突破

邓飞介绍，为了确保碳纳米管纤维的生长质量，烯湾科技采取了特殊的制备工艺，首先将碳源气体和催化剂在高温炉设备中混合，在自制催化剂的作用下，碳原子会垂直、阵列、定向生长出碳纳米管。后面则跟种草的过程相似，可以从碳纳米管生产出碳纳米管纤维。

烯湾科技围绕该项目独特的生产工艺，开展核心检测设备、工艺设备、自动化生产系统等自主研发设计，探索出一套完全具备自主知识产权的项目方案，形成了一定的技术领先优势，为碳纳米管纤维的规模量产奠定了坚实的基础。

2017 年，烯湾科技完成 A 轮融资，共 4 家投资机构参与此轮融资。

2019 年，烯湾科技顺利完成 A+ 轮融资，公司估值超过 10 亿元。

项目融资主要用于碳纳米管纤维及复合材料重点实验室及生产线的建设，美国、日本团队的技术研发，深圳二次应用开发团队的扩充。

"由于产品的二次开发难度大，研发任务重、时间紧，要确保项目的如期开展，已有的技术团队需要付出更多的时间，加班可能成为创业阶段的常态，与此同时，我们需要快速地引进高尖端人才，加速项目进度。可邓飞博士坚持按照美国、日本企业的管理模式，并遵循科学家的思维逻辑，主张要给科研人员更宽松的环境，激发员工的自主创造力。"章胜华停顿了一会儿，接着说，"我们公司的技术主导与产品开发是以邓飞博士为主，我要尊重他的做法，所以烯湾科技一直以较为宽松的环境来激发科研人员的想象力和创造力。"

随着项目的有序推进，企业快速扩张，原有的办公场所已无法满足企业的发展需求。2019 年 2 月，烯湾科技运营中心搬迁到深圳国家工程实验大楼，基本可以满足未来几年企业发展的步伐。

截至 2019 年 9 月，烯湾科技员工超过 109 人，全球三地核心科学家超过 10 人，分别来自日本东京大学，美国普渡大学、特拉华大学等全球顶尖高校。核心科研团队成员在相关领域内的顶级期刊如《自然纳米技术专刊》《先进材料》《应用物理通讯》《碳材料》《纳米通讯》等发表 200 余篇期刊论文及 10 余篇高等级学术会议论文；企业核心运营团队分别由世界 500 强及国内上市公司的企业高管和中层管理人员组成，具有非常丰富的企业经营和管理经验、高度的团队协作和沟通能力。

烯湾科技碳纳米管纤维量产项目取得技术突破，完成中试研究，目前处于生产前的准备阶段。2019 年，持续开展碳纳米管纤维性能提升，预计年底可实现批量供货能力。目前，公司已递交 50 余项发明专利申请，预计未来 3—5 年将产生 200 余项核心专利。

邓飞介绍，烯湾科技的产品在力学、电学、热学等领域均有较好的应用，例如：在力学方面可应用于汽车、高铁等高端装备轻量化，其电学性能可广泛地应用于新能源电池正负极材料、太阳能光伏面板、导电纤维在纳米导电领域的应用等，其热学性能主要应用于各类电子元器件、大功率产品等。烯湾科技的研发成果及发展前景受到业界和投资人的广泛关注和高度认可，有望成为国内高性能纤维领域的重要创新力量。

他说："未来 2 年是烯湾科技发展的关键时期，在实现量产、开拓应用市场的同时，将凭借产学研、军民融合等多模式合作，拓展碳纳米管及碳纳米管纤维在多领域的成熟应用，构建涵盖一般民用、中高端器件、航空航天等尖端领域的产业生态，并据此登陆资本市场，创造新的应用产业模式和集群。"

邓飞和章胜华相识相知 20 余年，联合创业的蓝图历经近 7 年的时间，逐步实现了研发团队从无到有，并快速推出多项让世界同行惊叹的创新成果。烯湾科技在产业化道路上高歌猛进,这是一条充满荆棘和鲜花的征途,烯湾团队正以热血勇士的姿态在道路上奋力奔跑。

【专家眺望】
"因为相信,所以看见"

材料为科技的发展提供了物质基础。碳纳米管的研发与应用,诠释了纳米技术与纳米材料的未来发展远景。

烯湾科技董事长邓飞知道,要把碳纳米管从实验室成果变成规模化量产的材料,有很长一段路要走。在多方的质疑面前,烯湾科技之所以能够排除万难坚持走下来,并且用颠覆性创新技术打破发达国家的垄断,实现我国新型复合材料的跨越式发展,正是"因为相信,所以看见"。

最大的苦恼是面对各种质疑

1991年,日本NEC公司基础研究实验室的电子显微镜专家饭岛澄男(Sumio Lijima)在高分辨率透射电子显微镜下,检验石墨电弧设备中产生球状碳分子时,意外地发现了碳纳米管。自那以后,全球科学家对碳纳米管不断地深入研究,并发现碳纳米管在复合材料、电子、生物医药等领域可以广泛应用。

　　碳纳米管被称为终极纤维，是由单层石墨同轴缠绕成管或由单壁碳纳米管沿同轴层层套构而成的管状物。碳纳米管直径一般在一到几十纳米之间，长度则远大于其直径，具有许多超常的物理性能和化学性能。作为人类迄今为止发现的力学性能最好的材料，碳纳米管有着极高的拉伸强度、杨氏模量和断裂应变。碳纳米管纤维是把千千万万单根纳米管扭拧在一起的宏观纤维，具有轻质、高强、多功能性的特点，是新一代特种纤维材料，对高端科技发展具有重大战略意义。学界普遍认为，碳纳米管纤维作为新一代新型高强度纤维材料，可以应用于许多对材料强度要求较高的领域，特别是航空航天领域，也是太空电梯的必要材料。

　　第一个量产碳纳米管的企业是日本的，但由于当时碳纳米管量产的成本太高，而未得到实际应用。当今国际上对碳纳米管的研究方兴未艾，并且在物理、化学、热学和电子学等基础领域的研究都取得了重大进展。而要使碳纳米管真正得到应用，首要目标是实现碳纳米管的连续批量生产，提高纯度，使其结构均匀、可控，降低成本加速商业化生产的步伐。根据IDTechEx 的研究报告，碳纳米管自问世的近 30 年里，从最初被大肆宣传炒作，到逐渐成为学术研究热点，热度攀登至顶峰后又迅速地几乎在低谷幻灭。

　　世界各国对碳纳米管发展的关注，也在一定程度上助推了我国碳纳米管研发与应用的探索进程。中国成为全球碳纳米管原材料制造能力和销售能力最强的国家，但是中国碳纳米管的量产方法大多对碳纳米管的长短、直径无法控制，且无法有效控制原材料中金属催化剂杂质含量，从而较大程度上影响了碳纳米管产品的优良性能。

烯湾科技成立之后，宣布要做碳纳米管纤维的产业化，各方质疑者纷纷投来怀疑的目光。

烯湾科技总经理章胜华吐槽道："创业初期，我最大的苦恼是面对各种质疑，我需要不停地给别人解释，努力取信于人。在面对投资人、合作机构的时候，我得反复地解释，但有时候无论如何解释也无法消除他们心头的疑虑，毕竟这个课题太超前，太有难度，发达国家在高性能纤维材料技术方面对我们进行全面封锁，对相关人才的培养也同样封锁，生产设备进口根本不可能，由此，大家觉得，要做碳纳米管纤维的产业化就是天方夜谭。"

"我们处处面临怀疑的眼光，技术到底行不行？产品做不做得出来？产品做出来后，能不能卖掉？这是每个从事新材料产业化的创业者必须面对的困境。"章胜华说，"我们身边绝大多数人都是'因为看见，所以相信'，而邓飞博士是'因为相信，所以看见'，他相信自己研发多年的碳纳米管纤维，一定可以产业化，所以他看到了碳纳米管纤维的规模量产，看到了其广阔的应用前景。这就是站在全球科技前沿的科学家与普通人的眼界和胆识不一样的地方。"

突破顶尖产品量产的技术壁垒

碳纳米管自问世以来，其研究和应用一直备受科学界关注，而制备出高纯度、结构完美的碳纳米管是对其进行研究的前提。所以，研发出大批量、低成本的工业化生产技术也成为碳纳米管的世界前沿课题。

全球研究人员经过十几年的努力，先后开发出激光蒸发烧蚀法、石墨电弧法、化学气相沉积法（CVD 法）、低温固态热解法、聚合物制备法、等离子体喷射沉积法、微孔模板法、水热法和太阳能法等生产工艺。目前常用的制备方法主要是石墨电弧法、化学气相沉积法和激光蒸发烧蚀法，工业化生产常用的方法是石墨电弧法和化学气相沉积法。

烯湾科技采取的是化学气相沉积法（CVD 法）制备碳纳米管。让邓飞引以为豪的是：一、产品稳定均一可控，通过自主研发的关键技术，实现了碳纳米管阵列定向生长的稳定量产，其长度、直径可控，力学、电学等性能稳定；二、产品可纺性强，通过自主研发的纺织工艺，该碳纳米管阵列可实现碳纳米管纤维的制备；三、产品具有极好的分散性，在自主研发的分散技术支撑下，可广泛应用于高性能碳纳米管复合材料的制造生产。目前，烯湾科技生产的高强度 / 模量碳纳米管纤维的力学性能超过日本东丽 T800 高性能纤维材料。这标志着烯湾科技已具备打破日本、美国等在高性能纤维基础材料领域的垄断地位的能力，可在一定程度上助推我国新型复合材料的跨越式发展。

公开检索的信息显示，目前美国、日本、澳大利亚和韩国均有科研团队在从事碳纳米管纤维的研究。然而，期刊公布的性能检测数据表明，烯湾科技的产品在强度和杨氏模量这两项最关键指标数据处于领先水平，尤其是力学性能已超过目前业界最先进的 T800H（日本东丽）和 T800S（日本东丽）高性能纤维。

据邓飞介绍，烯湾科技具有三大核心竞争力：其一，掌握微观尺度上碳纳米管关键生长参数的控制技术，攻克碳纳米管大规模连续性低成本生产的世界性难题，包括量产生产设备的成功研制；其二，开发出碳纳米管纤维非破坏性化学修饰方法，实现碳纳米管纤维性能的显著提升（目前，仅有烯湾科技掌握该技术）；其三，开发出全球独创的扫描电镜原位检测平台。

在量产方面，制备碳纳米管粉末、纤维等材料的设备尚未实现标准化，相关设备需要研发团队自己设计、定制，目前市面上并没有相关的设备供应商。碳纳米管纤维的生长对环境要求很高，导致规模化生产的难度巨大。邓飞组织科研人员自主研发设计出自动化生产系统和核心检测设备，具有技术领先优势，这为碳纳米管纤维的规模量产打下了基础。在龙岗区大运软件小镇，烯湾科技建立了约 6000 平方米的生产基地，第二代百吨级全自动高性能碳纳米管生长设备在这里已经安装调试完毕，计划 2019 年形成碳纳米管批量供货能力。

烯湾科技团队世界级的学术水平和科研能力、产业巨大的发展潜力得到了政府及产业界的高度认可与重视。2017 年，烯湾科技成为中国复合材料学会理事单位、中国航空学会会员单位、美国陶瓷学会成员，被评为

"2017 年度中国最具投资价值公司"；2018 年，烯湾科技荣获第二届国际碳材料大会创新团队奖、粤港澳大湾区创新链金苗奖、2018 年度中国创客 50 强、2018 年粤港澳大湾区原创力百强企业、中国复材学会复合材料技术创新奖等多项荣誉。

获奖

烯湾团队

作为开拓者还要看见更广的应用领域

全球知名市场研究、咨询公司 Markets & Markets 在 2018 年 10 月发布的调查报告显示，"预计到 2023 年，碳纳米管市场将从 2018 年的 45.5 亿美元增长到 98.4 亿美元，年复合增长率为 16.7%。而中国则是全球碳纳米管最大的消费者之一"。邓飞说："目前，行业仍以碳纤维的应用为主，碳纳米管纤维尚未引起产业界的广泛关注，技术研发和产业落地均缺乏清晰、可行的路径。烯湾科技作为新材料的开拓者，除了实现技术转化、产品落地，还要看见碳纳米管材料更广的应用领域。为了保持企业的自身造血功能，烯湾科技可以给市场提供粉体、薄膜和纤维三种不同形态的碳纳米管产品。"

烯湾科技生产的碳纳米管粉体，具有一次纯度很高、含碳量超过 99.8%，且金属杂质极其低、长径比大等优势，其导电性能在材料中非常突出。将碳纳米管粉体加入到动力电池中，一方面可以大幅度提高性能，另一方面可以降低生产成本。邓飞介绍，前期烯湾科技会把碳纳米管粉体应用到动力电池、锂电池以及下一代固体电池，使得电池的充电速度更快、容量更高、安全性更好，广泛应用于材料（橡胶、金属等）改性。2017 年，烯湾科技已和国内外动力电池厂商展开合作，目前正处在试用的阶段，与此同时，与部分改性材料龙头企业正开展着密切的合作。邓飞表示，此类合作中，烯湾科技属于原材料生产商，首要任务是解决他们现有的技术瓶颈，此外是要协助其提升产品竞争能力。

　　烯湾科技第二种产品是碳纳米管导电导热膜。碳纳米管薄膜的散热性和导热性，要比现有的材料高出一个数量级。邓飞介绍道："目前产业界的散热材料和导热材料大多使用的是碳粉或者石墨烯，在成型的过程中通常需要灌入胶水，一定程度上导致散热性降低。但是，我们研制的碳纳米管自己就可以成型，能够保持散热性能不变。比如，用碳纳米管膜作为动力电池正负极电荷收集材料，黏结性优于现有的铜箔和铝箔，可极大地提升电池的品质，增强电池性能，减轻电池重量。公司目前已经开始和诸多电子器件厂商展开合作。"

　　第三种产品就是碳纳米管纤维，目前主要围绕性能稳定性开展研究，将来产品成熟了可以做航空航天的复合材料，例如，无人机翅膀、大飞机机身、火箭外壳等，还可以用于高端体育用品领域，比如，高尔夫球杆、网球拍的边框。"如果使用碳纳米管纤维制作，网球拍可以减重30%，同时实现更高的韧性。"邓飞自豪地说，"我们已经做出全球性能最好的碳纳米管纤维，接下来会把它做成各种复合材料板以及结构材料，我们的重点会放在原材料的产量方面和性能稳定方面，做出品质最好的原材料，然后协同下游厂商开发产品。"

　　在未来的应用方向上，利用碳纳米管优异的导热性能，可以制作芯片的封装材料、发动机和飞机的各种高温部件。利用碳纳米管的高弹性、高强度、低密度、隐身性、红外吸收性、疏水性等特点，与普通纤维混纺还可制成防弹、保暖、防辐射的军用装备。碳纳米管还可用于传导氨基酸、蛋白质和核酸等有机分子，如果将碳纳米管用于制备纳米传导器件以传输氨基酸、蛋白质和核酸等有机分子，必将在生物医药领域有着巨大潜力。

　　章胜华说："还是回到刚才说的那三个疑问，我们已经用实际行动和阶段性成果回答了前两个，就是我们技术领先，高质量产品也做得出来，现在就是要回答'产品卖给谁'这个问题了。由于是全新的产品，目前市场对新一代碳纳米管纤维材料的认知并不充分，如何让顾客认识和接受这种新型材料，是我们面临的一个新挑战，我们需要让市场认识到产品的价值，从而打开广阔的市场。"

　　作为市场的先行者和探索者，烯湾科技常常需要做大量的开创性工作，过去是对产业化路径的探索，现在是对应用场景、市场需求的深入探索和思考，未来要走的路还很长很长，但两位创始人仍然保持着初心，带领团队砥砺前行。他们用不懈追求的行动向世界表白：因为相信，所以看见！

03 瑞华泰：
聚酰亚胺龙头企业

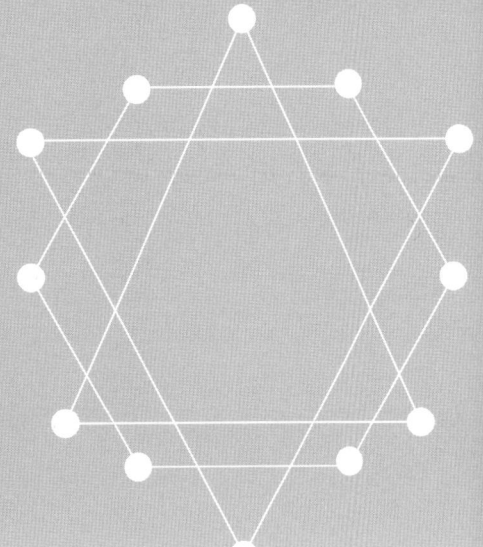

粤港澳大湾区战略性新兴产业研究

瑞华泰

深圳瑞华泰薄膜科技股份有限公司（以下简称"瑞华泰"）是国有控股混合制企业，注册于2004年，是由中国航天科技集团、国家投资公司、国家新材料产业基金、中国科学院化学研究所和技术团队、投资基金等合资组建的高度市场导向、技术导向、产业导向的科技创新型企业。致力于打破美日企业长达40多年在聚酰亚胺先进高分子材料方面的垄断，发展中国制造、具有自主知识产权的高性能聚酰亚胺薄膜及树脂产品和制造技术。

瑞华泰2005年开始在深圳市宝安区建设，目前已具备年产1000吨聚酰亚胺的生产能力，公司十几年的攻坚克难，创新进取，突破多项化学合成和工程技术难点，参与由美日企业垄断40多年的市场竞争获得中国制造一席地位，已成为国内外业界主流厂商的供应商，也是中国聚酰亚胺薄膜材料领域的领跑者。自2010年投产以来，目前已有6大类20余品种的产品实现销售，近3年出口翻番增长。截至2018年，累计实现销售收入8.5亿元，累计实现利税总额近2亿元，产品已广泛应用于微电子、信息电子、新型显示电子、智能电子设备功能性基材及薄膜传感基材，航天航空高聚物复合膜材料，高导热合成石墨基材，高速轨道交通及新能源绝缘系统材料。

公司以市场为导向，以国家"十二五"和"十三五"发展规划为契机，在稳步发展产能建设的同时，不断加大研发投入和加强技术团队建设，目前公司已建立了较为完善的研发体系，特别在纳米应用、分子设计、多单体共聚合成、制膜技术及连续生产控制技术、特种工程装备技术和应用开发方面，形成了一支有创新活力的研发队伍，多项技术成果形成产品并应用于电子信息产业、先进制造业、新能源和宇航领域，已实现销售的产品中获得发明授权专利5项，审核中发明专利6项，获得独家授权使用中科院化学所发明专利1项，承担了聚酰亚胺薄膜两项国家应用标准的制定，是承担中科院化学所聚酰亚胺薄膜科技成果产业化唯一实施单位。瑞华泰在2016年获得国家高新技术企业认定，目前已成为中国高性能聚酰亚胺薄膜的标杆企业。

【创业历程】

汤昌丹：开辟聚酰亚胺薄膜新天地

　　高性能聚酰亚胺薄膜既是国家战略性基础材料，也是产业链转型升级的重要支撑材料，是典型的军民两用材料。聚酰亚胺薄膜与碳纤维、芳纶纤维一起，被认为是目前制约我国高技术产业发展的三大瓶颈性关键高分子材料。

　　20年前，汤昌丹就是瞄准这个被发达国家"卡脖子"的新材料进行产业化攻关。如今，他创办的瑞华泰研制生产的高性能聚酰亚胺薄膜不仅打破了杜邦等洋品牌的垄断，而且满足了我国高铁、大飞机和5G通信设备对聚酰亚胺高分子材料的新需求，实现了自主供货，开辟出国产聚酰亚胺薄膜的一片新天地。

立志打破发达国家的技术垄断

早在 20 世纪 80 年代，由原机械部和化工部牵头，桂林电器科学研究院和上海合成树脂所就分别从双向拉伸法和流延法两个方向开展了对聚酰亚胺（Polyimide 或"PI"）材料的研发，国家将聚酰亚胺的研究列入"火炬计划"，但是由于种种原因，其制造工艺一直处于低水平徘徊的状态。中国第一条聚酰亚胺双向拉伸中试线最终静静地躺在了当时承接项目的深能源公司蛇口仓库，多年无人问津。

直到 1998 年，从机械工业部辞职下海的汤昌丹，计划投入柔性覆铜

汤昌丹

板行业，他经过深入调研发现，柔性线路板的关键瓶颈是材料，即铜箔和聚酰亚胺薄膜均是依靠进口，并且全部是国外公司高价垄断，国内覆铜板企业完全没有竞争力。汤昌丹翻阅了最早的报刊，也查询了聚酰亚胺相关学术论文和专利资料，了解到如果不实现这种"卡脖子"材料的产业化，那么中国的基础工业水平会严重受制于外国人，这是一个必须解决的难题。出于对国产材料产业化的情怀，汤昌丹下定决心将中国第一条聚酰亚胺双向拉伸中试生产线从深能源公司买回，从此义无反顾地投身于聚酰亚胺产业化事业。

他立志要打破发达国家的垄断，这注定他将踏上一条荆棘丛生之路。因为没有任何产业化经验可以借鉴，从材料配方到生产线设计，再到制造工艺梳理和成型，全部需要他去摸索。这不仅仅是烧钱的事情，而且很可能是一败涂地、血本无归。

汤昌丹在一位老领导的介绍下，与中国科学院化学研究所的科研人员相识，怀着技术报国的梦想和对聚酰亚胺材料的共同看好，双方一拍即合，决定投入到这种当时国内全靠高价进口的新材料的生产研发中去。

他回忆道："因为优异的理化性能，聚酰亚胺成为当时航空航天工业的重要材料之一，美、日等国家因此将其列入限制出口名单中，处处卡我们的脖子，甚至我们航天发射每成功一次，我们在国际市场能买到的聚酰亚胺材料就少一种。我们把聚酰亚胺薄膜称为'争气膜'，就是一定要争一口气搞出来，让美国、日本不能再卡我们的脖子。"

在中科院化学研究所的全力支持下，瑞华泰争取到了国家 1000mm 幅

汤昌丹与中科院化学研究所所长万立俊探讨中国聚酰亚胺薄膜发展之路

宽连续双向拉伸聚酰亚胺薄膜高技术产业化示范工程，并被列入当年的国家专项工程，开始了在"黄金薄膜"领域的征战。

在汤昌丹看来，一项科研成果能否成功，基础研发固然重要，但真正决定它能否取得成功的，一定是工程技术。在构建瑞华泰的顶层设计时，他清楚地知道，科研成果的产业转化是一项系统工程，不仅要将其尽快转为可供大规模生产的工业制成品，还需要长期的可持续发展，否则，再好的科研成果，也只是无本之木、无源之水。除了工程技术的可靠成熟足以应对一致性和连续性的工业生产，如何把握市场时机，掌握推进的节奏，把握各种有利条件，这对任何一个科研成果转化项目来说都至关重要，而瑞华泰凭借自己在聚酰亚胺领域 10 多年的摸爬滚打和对市场发展的高度理解，把企业核心竞争力定位在工程转化技术上。汤昌丹始终认为，基础研究和工程技术是两个不同的范畴，二者不可偏废，只有它们完美地结合起来，产业化才能取得成功。

汤昌丹在项目开始就处处用国际最高标准来要求参与项目的每一个人，从研发到生产的流程、工艺设计规范甚至生产现场的管理，无一不向杜邦看齐。正是这种"杜邦式"的精益求精，才出现了后来杜邦发出收购要约的戏剧性一幕，毕竟，只有杜邦才最了解瑞华泰的实力如何、威胁有多大。

成功阻击杜邦的强势收购

聚酰亚胺行业是典型的技术密集型、资产密集型的"双高"行业。聚酰亚胺基础研究门槛高，又是重资产投入，市场规模有限，大企业不愿做，小企业做不动。因其具有产品技术研发周期长，前期研发投资大等特点，一直被国外高技术公司垄断，国外公司多年形成了专利壁垒、产品标准制定权和市场先导优势，造成我国多年来集中在大学、研究机构做了大量研

瑞华泰与中科院院地合作重大项目签约

窍却落不了地，没有企业愿意投资开发，形成不了高技术水平的产业；众多小企业不断复制低端技术盲目开发，形成国内众多企业多年徘徊于低端产品的市场恶性竞争，浪费大量资源，也无法获得可持续发展的良性盈利支撑；企业没有实力去投研发、投技术和提升装备。

高性能聚酰亚胺薄膜在此之前只有美、日等发达国家掌握其工业制造技术，杜邦更是该领域绝对领先者。杜邦不仅是聚酰亚胺的发明者，更是这种材料的最大供应商，产品多达 80 多个品类。

然而，就是杜邦这个曾经睥睨天下的国际化工巨头，近年来深感紧张，甚至动念"除之而后快"：除了把瑞华泰列为"最有威胁的对手"外，还想将瑞华泰扼杀在摇篮里。

2008 年，全球金融危机爆发，处于建设攻坚阶段的瑞华泰同样受到冲击，当时公司大股东由于资金链断裂，造成对瑞华泰投资支持不到位，生产建设陷于停顿的状态。而这时，杜邦高层得知瑞华泰大股东要出售股份，立即派出团队到深圳，在看了瑞华泰设计的厂房及生产设备后发出由衷感叹，并判断其技术路线可行，当时瑞华泰的聚酰亚胺薄膜生产线工程仅仅建设到 60%，杜邦提出要高价收购。杜邦高层与瑞华泰双方开始长达两年多时间的谈判，后因美国商务部要求全资收购，并且提出瑞华泰技术团队必须为杜邦服务 7 年，7 年后再锁定团队 5 年，最终瑞华泰拒绝了杜邦高溢价的收购方案。

"我们当时财务状况非常困难，甚至有五六个月公司中、高管都发不出工资了，如果被行业霸主看中并收购，在当时看这显然是对瑞华泰这支诞生不过 5 年的行业新军最大的认可，但瑞华泰创始团队的理想，远非打造一家让巨头紧张的企业那么简单。瑞华泰的理想就是打造一家跟杜邦一样的薪火相传的百年企业。而杜邦的目的是在于将聚酰亚胺这一高技术材料的潜在竞争对手消灭在萌芽之中。"汤昌丹介绍道，杜邦曾经以相同的方式收购了台湾泰巨公司，这是由台湾工研院的研发人员主导建立的台湾第一家聚酰亚胺企业。当成功收购潜在竞争对手后，杜邦关闭了台湾泰巨的所有聚酰亚胺业务，同时泰巨技术团队被锁定 7 年。7 年后，台湾泰巨原创始团队又成立台湾达迈，发展了 3 年终于在台湾上市，目前为全球第四大聚酰亚胺企业。汤昌丹不想走台湾泰巨的老路，因为中国大陆的高科技产业迫切需要解决这个"卡脖子"的战略新材料，以更好地服务于国家在宇航航空、舰艇船舶、高端装备制造和新能源发展的关键基础材料需求。

多次融资助力企业腾飞

2008 年，汤昌丹成功阻止杜邦收购；2009 年春天，瑞华泰向杭州银

公司核心团队

行贷款 6000 万元；2010 年将一期项目建设完成，但此时公司负债率已高达 90%，濒临倒闭的边缘。

2010 年，瑞华泰高性能双向拉伸聚酰亚胺薄膜产业化技术实现重大突破，被国家发改委授予国家高技术产业化示范工程，在当年秋天举办的高交会上，瑞华泰作为深圳市唯一新材料代表企业入选"国家发改委战略新兴主题馆"。

参展期间，瑞华泰的展位正好与中国航天科技集团展位相邻，瑞华泰的技术成果受到航天科技集团领导的高度关注。由于聚酰亚胺作为一项核心关键材料在卫星、火箭、飞行器、深空探测等领域被大量应用，航天科技集团曾投入大量资源、资金尝试产业化，却以失败告终。航天科技集团高层对"聚酰亚胺材料难"均记忆犹新，同时并不相信一家民营企业能实现聚酰亚胺成功产业化。

汤昌丹回忆说："那年高交会期间，中国航天科技集团的领导一拨又一拨地到我们公司突击参观生产车间，他们发现我们是正常开机，真正实现了产业化，因此，作为聚酰亚胺材料的应用单位，同时看好聚酰亚胺在民用市场的发展，中国航天科技集团利用下属二级公司中国航天国际控股有限公司对深圳瑞华泰进行了收购。"

时任中国航天科技集团副总经理芮晓武如此评价瑞华泰："瑞华泰做了一件国家应该去做的事业。"

十年磨一剑。2011 年，瑞华泰宣布在"黄金薄膜"的大规模、连续生产上取得突破，从此，解决该材料的"进口依赖症"。2011 年，瑞华泰高性能聚酰亚胺薄膜关键技术实现产业化，入围"2011 年中国十大科技进展新闻提名"。瑞华泰高性能聚酰亚胺薄膜产业化技术的突破，不仅弥补了国内该项材料的空白，同时也为国家战略性材料储备做出了积极贡献。

为了扩大生产规模满足国内巨大的市场需求，还要不断投入研发聚酰亚胺薄膜新产品，瑞华泰在 2013 年和 2018 年两次融资，获得有实力的战略投资人认可，先后引入了国家投资公司、国家新材料战略发展基金、中科院化学研究所等有实力的机构投资人。汤昌丹说："我们在融资的时候，会选择国有背景的、目标长远的、理念一致的机构来合作，这两次融资对我们的研发和产能建设起到巨大支撑作用，让我们终于能按计划推出高品质的聚酰亚胺薄膜产品了。总结我们的融资理念就是'战略牵引，基石投资，基金参与'。"

瑞华泰产品

打破了杜邦的市场垄断

近年来，瑞华泰高性能聚酰亚胺薄膜在高铁电机绝缘系统上获得了广泛应用。高铁电机绝缘系统上采用瑞华泰生产的聚酰亚胺薄膜，既是瑞华泰打破杜邦垄断后实现的首个重点市场突破，又让瑞华泰产品名扬天下，外国巨头纷纷上门采购。

高铁在高速运行的状态下，列车的"心脏"牵引电机在反复变频工作，而电机绝缘系统如果耐热等级不够，电机线路之间极易发生短路，造成危险；而电机在反复变频二点过程中会产生杂波或局部瞬时放电造成电机短路，造成危险；高铁的发电机之所以能够安全平稳地正常运行，全部得益于电机绝缘系统采用了一种叫作耐电晕高性能聚酰亚胺薄膜的绝缘材料。在瑞华泰没有研发出耐电晕高性能聚酰亚胺薄膜之前，国内高铁采用的都是杜邦的耐电晕高性能聚酰亚胺薄膜。

2012年，西门子为了打破杜邦垄断，计划再引进一家供应商，瑞华泰参与了西门子该项目的全球招标。当时入围的公司有瑞华泰与日本钟渊化学，后者为全球排名第二的聚酰亚胺薄膜制造企业。经过西门子4年的严格评测，瑞华泰进行了多次材料的改进，最终以99分的成绩通过了西门子的材料评估以及全球供应商评价，打败了日本钟渊化学成为全球第二家、也是除杜邦外唯一一家获得西门子全球认证的聚酰亚胺企业。此后，庞巴迪、ABB、中国中车集团都相继采购了瑞华泰高性能聚酰亚胺薄膜，用于高铁电机绝缘系统。2018年底，杜邦向全球宣布不再供应耐电晕高性能聚酰亚胺薄膜。这是发生在聚酰亚胺薄膜材料市场的一场悄无声息的战役。

汤昌丹介绍，该项目对新材料企业与国外巨头竞争有一定的启发。首先是材料的评价方法，评价设备国内没有，检测方法是西门子与杜邦制定的，仪器也是西门子特制的。这个项目中仪器为深圳专项资金资助，向西门子定制，由于仪器到位及时，在前期与钟渊化学的对战中，瑞华泰不落下风，表现了产品研发持续改进的能力，研发过程受到西门子高度赞誉。其次，瑞华泰自身产品必须过硬，对产品功能和特性的理解、改善能力很强。西门子每做一次评价，自身至少也有上百万元的投入，如果产品自身不过硬，也许有第二次送样机会，但不可能有第三次机会。

瑞华泰的发展速度越来越快，这让国外竞争对手产生了警惕和恐慌。

瑞华泰产品检测实验室

2018 年，瑞华泰的多款产品直接与杜邦、钟渊化学、SKC 所垄断的高端市场产品形成竞争，参与到国际竞争中，尤其是在柔性电子基材及高导热石墨基材领域，凡是瑞华泰介入的产品，国际巨头纷纷大幅降价，尽管瑞华泰的市场份额可能只有 5% 左右。据大致测算，通过瑞华泰的介入，仅 2018 年一年在聚酰亚胺薄膜这一块，就为国内的制造企业节约 10 亿元左右的成本，给依靠技术垄断在市场上耀武扬威的国际巨头以迎头痛击。

2018 年，美国杜邦将瑞华泰列为全球首要竞争对手。2018 年中美贸易摩擦，美国将聚酰亚胺列在首批关税清单中。聚酰亚胺材料，作为军工宇航的关键材料，一直由美国杜邦公司垄断高端材料技术。美国政府通过行政命令限制聚酰亚胺薄膜材料的出口，具体体现为美国工业安全局的出口控制材料列表中，通过 1C008.a.3 项、1C009.b 项限制高端聚酰亚胺薄膜材料的产品出口和技术出口。

经过漫长的蛰伏，瑞华泰奇迹般地化蛹成蝶，从当初的创业艰难步入平稳快速发展期。"黄金薄膜"——聚酰亚胺薄膜产品，也已经完成第一期、第二期项目；2019 年二季度，第 8 条高性能聚酰亚胺薄膜连续化生产线正式投产，年生产能力 1000 吨，瑞华泰成为业内首屈一指的龙头企业。瑞华泰通过几年时间已跻身于国际市场的竞争行列，产生了良好的经济效益；作为深圳电子信息制造行业的产业链配套，也产生了显著的社会效益。

【专家眺望】
聚酰亚胺未来大有用武之地

作为一种战略基础材料，聚酰亚胺材料在未来大有用武之地。瑞华泰总经理汤昌丹说："目前，瑞华泰研发并投入市场的聚酰亚胺产品已应用到民用通信卫星、民用运载火箭、民用宇航器、4 G 智能手机、高铁牵引电机、风力发电、新一代显示器等国家战略和新兴战略领域，未来还有更多的高科技领域会用到这种高分子材料，聚酰亚胺由于具有高强度、高电绝缘性、耐腐蚀和耐辐照等特殊的性能，将发挥着不可替代的作用。"

聚酰亚胺是战略基础材料

新材料是高技术产业和先进制造业的基础和先导，是当今科技创新最为活跃的领域之一。新材料技术的突破和发展，不断催生出新的产业领域，推动着产业的优化升级。新材料产业关联度高、发展速度快、综合效益好，已成为推动全球经济增长的战略性新兴产业。加快新材料产业发展，是深圳市培育和发展战略性新兴产业、构建现代产业体系、建设国家创新型城市的重要内容，对深圳市推动自主创新和产业升级，创造深圳质量，转变发展方式，实现科学发展具有重要意义。

聚酰亚胺是目前耐温最高的商业化聚合物，在 550℃能短期保持主要的物理性能，能连续上千小时在接近330℃下使用，处于材料领域金字塔顶端。因在性能和合成方面的突出特点，聚酰亚胺不论是作为结构材料或是作为功能性材料均得到广泛使用，目前已广泛应用在航空、航天、微电子、纳米、液晶、分离膜、激光等领域。聚酰亚胺被称为"解决问题的能手"，也被认为是"世界三大先进高分子之一"。

高性能聚酰亚胺薄膜拥有"黄金薄膜"的美誉，不但具有其他塑料薄

瑞华泰研制生产的高性能聚酰亚胺薄膜产品

膜无法比拟的耐热性能，同时兼具高强度、高电绝缘性、耐腐蚀和耐辐照等特性，因此在电力电气、能源交通、电子信息、航空航天等高新技术产业中发挥着不可替代的作用。高性能聚酰亚胺薄膜在电力电气和能源交通领域作为耐高温绝缘材料被广泛应用于输配电设备、变频电机、高压变压器、风力发电设备，以及高速牵引电机的制造；在电子信息领域作为超大规模集成电路的芯片绝缘封装材料和柔性印制电路板基材，被应用于包括计算机、显示器、手机和相机等所有移动终端电子设备的制造；在航空航天领域，高性能聚酰亚胺薄膜在空天飞行器制造中作为飞行器热控材料、卫星太阳能电池基板、柔性加热器件、深空探测太阳帆等也发挥着至关重要的作用。

信息电子离不开的"黄金薄膜"

在世界电路板业界，人们习惯把印制电路板（PCB）产业形象地比喻成"生长"电子信息工业"庄稼"的"田地"。因为，柔性印制电路板（FPC）主要核心材料是铜箔和聚酰亚胺，铜箔用于制作线路，聚酰亚胺用于支撑线路及绝缘保护。而柔性印制电路板的基材用的聚酰亚胺绝缘基膜就是这"土地"的"黄金般的土壤"。

高性能聚酰亚胺薄膜在柔性印制电路板、半导体、大规模集成电路、微电子、信息电子、新型显示、5G 通信等产业的新应用使得新型聚酰亚胺薄膜需求日益增多，它更具有高强度、高韧性、耐高温、耐腐蚀、低膨胀系数、高透明性、高导热性、低介电常数性等特殊性能，符合终端电子产品的轻、薄、短、小、高可靠性、低传输损失性等设计要求。

目前，高性能聚酰亚胺薄膜的最大应用领域是柔性印制电路板的柔性基板材料制造领域。电子级聚酰亚胺薄膜市场对薄膜产品质量要求高，行业技术壁垒高，美国、日本等国外公司占据我国市场份额的 90% 以上，其中需求量较大的高性能聚酰亚胺薄膜的生产技术又主要掌握在美国、日本等发达国家手中。如美国杜邦及其日本合资企业东丽－杜邦、日本 KANEKA、日本宇部兴产三家能提供相应高端产品。此外，韩国 SKC 公司、中国台湾达迈科技公司可生产中端软性铜箔基材（FCCL）用聚酰亚胺薄膜产品。尽管国内有大量聚酰亚胺薄膜企业，但皆只能生产中低端电工级聚酰亚胺薄膜，且年产能较低。杜邦等公司的产品连续数年均出现了供不应求的局面。据统计，在 2018 年，全世界的电子级聚酰亚胺薄膜产销量达到了 10000 吨，预测到 2023 年，世界电子级聚酰亚胺薄膜在 FCCL 的市场需求量将扩增到 1.3 万吨，其销售额达到约 80 亿元人民币的规模。而国内合计电子用聚酰亚胺薄膜产量仅为数百吨，供求关系严重失衡。

另外，高导热石墨用聚酰亚胺薄膜是智能终端和可穿戴设备的新兴散热材料，这是一个崭新的应用方向，智能手机、笔记本电脑和可穿戴设备等越来越依赖这种新兴散热材料。

汤昌丹介绍，散热问题一直是消费电子行业高度关注的热点和难点。过去消费电子产品的散热，主要利用铜质和铝制材料直接散热，或者配合硅胶、风扇及流液形成散热系统。在消费电子向超薄化、智能化和多功能

聚酰亚胺应用场景

化发展的趋势下，产品内部空间越来越狭小，仅靠利用铜质、铝制材料配合硅胶等设计出的散热通道已经很难满足需求。消费电子产品发展的核心问题之一，是如何降低电子元件的峰值温度，从电子元件到印制电路板乃至外壳，根据各部分的热特性来设计散热路径，使热量从每个电子元件"毫无保留地散发出去"。传统的导热材料主要是金属材料，如铜、铝、银等，但是，金属材料密度大，膨胀系数高，在要求高导热效率的场合尚不能满足使用要求。在航空航天、电子电气领域，多采用稳定性更高、传导效率更好的导热石墨膜。随着导热石墨膜的技术发展与智能手机进化需求发展，越来越多的智能手机中采用导热石墨膜作为核心散热材料，主要通过对其中 LCD 或 OLED 屏幕、LCM 金属框架、主板芯片、电池等多个部分贴附导热石墨膜，以保证手机内部的热量能迅速传导出去。

研究发现，采用特殊聚酰亚胺薄膜高温石墨化后的石墨膜，热传导率是铜的 2—4 倍。因高导热石墨膜在导热方面的突出特性可以替代传统的铝质或者铜质散热器，成为散热解决方案的优秀材料。在消费电子产品面临局部过热、需快速导热、空间限制等问题时，高导热石墨膜提供了很好的散热解决方案。因此，近年来高导热石墨膜在智能手机、超薄笔记本电脑、平板电脑和 LED 电视等消费电子产品领域均有应用。

作为高导热石墨膜前驱体的特种聚酰亚胺薄膜，是目前生产高导热石墨膜的唯一市售材料，而瑞华泰生产的适用该系列特种聚酰亚胺薄膜产品，采用双向拉伸及高温定型，产品分子取向均匀、结晶度高，产品石墨化成品率高，并可实现 1100mm 幅宽供货。

高导热石墨膜是智能手机、超薄笔记本电脑和可穿戴智能设备的"标配"导热散热材料。根据市场预估，目前国内的高导热石墨膜需求量为2000 万平方米／年，约占全球市场量的 40%，预计 2020 年增量可达到3000 万平方米／年以上。预测在未来 3—5 年内，高导热石墨膜全球市场需求量估计有近 8000 万平方米。而作为石墨膜目前唯一的前驱体聚酰亚胺薄膜材料需求量将达到 8000 吨。

瑞华泰高导热石墨用聚酰亚胺薄膜产品于 2016 年产业化成功，打破美国杜邦垄断。瑞华泰成为当时全球第三家、中国首家成功产业化并批量应用的企业。

5G 时代受宠的材料"新贵"

近年来，全球通信产业发展很快，我们见证了 2G、3G、4G 的跨越式发展，见证了宽带中国、光纤到户，见证了铜缆到光纤。而从有线到无线，万物互联、大数据、虚拟现实、智能城市，都需要更新一代的通信技术提供支撑。

无线流量的激增，信息量爆炸性增长，4G 网络部署正在如火如荼地进行，关于 5G 的研究也拉开了序幕，许多国家或组织都在积极地进行研究。随着时间的推进，5G 技术将会在 2020 年以后实现商用，未来 5G 技术将使人们的通信生活发展到一个全新的阶段，将能满足未来移动互联网业务飞速发展的需求，为用户带来全新体验。随着无线通信、电子产品等电子工业的迅速发展，数字电路逐渐步入信息处理高速化、信号传输高频化阶段。预计未来 10 年数据流量将增加 1000 倍，流量激增，应用场合多样化，都使用户对稳定性、不同场合间自由切换方面提出新的要求。5G可能采用同频全双工技术等提高频谱效率；开发高频段通信，利用宽载波来增加带宽；广泛应用小基站等来增加网络密度，满足日益增长的容量、速率需求。毋庸置疑，5G 将占据全球移动通信的主导地位，它将采用新的频率使用方式，通过更高频段的通信，结合相关技术，提供更快、更高效的移动通信系统。

目前，4G 技术使数据速率得到很大的提高，能实现静止时 1Gbit/s 级的速度和移动时 100Mbit/s 级的传输速度，达到影像画面清晰，无停止抖动的效果，但这样仍然不够，5G 将实现比 4G 更快的传输速率。5G 的峰值速率将达到 10Gbps，比 4G 提升了 100 倍；同时时延降低到 4G 的 1/10 或 1/5，达到毫秒级水平。现有的 4G 网络处理自发能力有限，无法支持部分高清视频、高质量语音、增强现实、虚拟现实等业务。5G 通过更高

树脂研发

的频谱效率、更多的频谱资源，解决 4G 网络面临的问题，构建一个拥有高速传输速率、低时延、高可靠性、用户体验优秀的网络社会。

电子信息技术突飞猛进的发展，电子信息技术的高频化，如高速影像处理、高速处理运算、高阶电脑软板、高频通信等，对材料介电性能提出了更高的要求。因为，当电子元器件的集成度不断提高，会引起电阻—电容延迟上升，从而出现信号传输延时、噪声干扰增强和功率损耗增大等一系列问题，这将极大地限制电子元器件在高频领域的应用。降低电阻—电容延迟和功率损耗有两个途径：一是降低导线电阻，也就是用铜取代传统的铝来制成导线；另外一个同时也是更重要的，就是降低介质层带来的寄生电容。由于电容正比于介电常数，所以迫切需要开发新的材料替代现有绝缘材料，这要求介质材料具有稳定的低介电常数和低介质损耗性能，才能满足将来高频高速电子产业中信号传输的高速率、高保真、低延时和低损耗的要求。

聚酰亚胺薄膜由于具有卓越的耐热、机械、电气绝缘及耐化学性能，被广泛应用于制造柔性覆铜板，起着对电子线路机械支撑和绝缘的作用。常见的聚酰亚胺薄膜介电常数介于 3.3 左右，介质损耗介于 0.02 左右。随着应用频率提高、频谱变宽，电子产品对材料介电常数和耐热性提出了更高的要求。例如，4G 由于传输速率低于 1Gbps，对材料介电性能要求较低，材料介电常数 <4.5 能够满足性能要求。但是随着 5G 的研究，为降低传输延时，保持高的信号传输速率，降低能量损耗及调制过程中的信号失真，产品对材料介电性能要求更为苛刻。如传输速率高于 15Gbps 时，要求材

料介电常数 <3.0，介质损耗 <0.005。目前，普通的聚酰亚胺薄膜难以满足未来 5G 时代电子行业对材料介电性能的要求。因此，为保持和发展市场竞争优势，提高产品制造的技术水平，有必要研发高性能的低介电聚酰亚胺薄膜。

聚酰亚胺是一类具有酰亚胺环结构特征的高性能聚合物材料，具有优良的耐热性、机械性能、介电性能，被广泛用作耐热和绝缘材料。随着近年来智能电子产品的快速发展，聚酰亚胺薄膜在柔性线路板领域被大量使用，其功能是对电子线路起支撑和介电作用。聚酰亚胺薄膜是目前制造柔性覆铜板（FCCL）最重要的薄膜材料，它在 FCCL 使用的绝缘基膜中的用量占总用量的 85% 以上。而新一代的低介电聚酰亚胺薄膜，除应具有低的介电常数和介质损耗外，还必须具有良好的挠曲性、加工性能、耐热性和尺寸稳定性等性能。因此，低介电聚酰亚胺薄膜研发的技术门槛较高，此前国内外企业和机构虽进行了大量的低介电聚酰亚胺薄膜的研究，但大都停留在实验室阶段。如美国杜邦公司 20 世纪 90 年代通过化学发泡的方法，制备含微孔的低介电 PI 薄膜。市场上能购买的低介电聚酰亚胺薄膜相关产品，只有美国杜邦生产的 Pyralux TK 系列的双面涂氟聚酰亚胺薄膜，但是该膜因材料成本高，现在尚未大规模普及。

随着市场对高频基板领域薄膜的需求日益增强，低介电聚酰亚胺薄膜产品的研发也步入快速轨道。如中国台湾达迈和韩国 SKC 公司近期先后在展会上推出低介电常数的聚酰亚胺薄膜概念产品，因此，尽快开发低介电聚酰亚胺薄膜材料将能填补未来应用于高频基板领域薄膜的需求空白，更是国内企业应该承担的责任。同时低介电聚酰亚胺薄膜作为高频用电子基板薄膜，由于其开发难度较大，掌握其生产技术将有利于公司在与国内外聚酰亚胺企业竞争中获得较大技术领先优势。

随着 5G 时代的到来，电子产品高频化高容量化成为发展趋势，低介电常数和低介质损耗聚酰亚胺薄膜将成为高频柔性线路板的首选，必然成为 5G 时代受宠的材料"新贵"。开发新一代低介电聚酰亚胺，将能满足未来电子工业高频化发展的要求，为国内 5G 高频高容量通信技术发展在材料方面提供有力支撑。因此，公司迫切需要开发面向高频电子基板应用的低介电常数和低介质损耗聚酰亚胺薄膜。

国内对于低介电聚酰亚胺薄膜的研究一直在进行，但目前多停留在实验室阶段，没有工业化产品进入市场。低介电聚酰亚胺薄膜的制备技术门槛较高，不仅仅是降低薄膜的介电常数和介质损耗，还需要兼顾薄膜其他影响使用的性能，如薄膜的黏结性、耐热性、尺寸稳定性、抗化学性等。另外，合成低介电聚酰亚胺薄膜的单体结构特殊，很多只是停留在实验室合成，且单体价格昂贵，没有规模化生产，限制了国内低介电聚酰亚胺薄膜产业的发展。目前国内还没有能生产出符合高频电子产业要求的低介电聚酰亚胺薄膜。瑞华泰高频电子基材用低介电聚酰亚胺工艺技术的研究成功，能为国内高端柔性线路板及芯片封装提供高频柔性基材支撑；同时该项目研发成功，将填补国内空白，使公司成为国内首家具有生产高频电子基材用低介电聚酰亚胺薄膜能力的企业，将打破国外对高端聚酰亚胺薄膜市场的垄断，使瑞华泰在全球聚酰亚胺产业链中占有领先地位。

瑞华泰于 2018 年 12 月成功实现了低介电聚酰亚胺薄膜开发，实现了低介电聚酰亚胺薄膜批量生产，以及掌握其先进的制造工艺和装备技术，打破了美、日企业的技术垄断。这一方面增加了瑞华泰产品种类和新的利润增长点，另一方面推动产品进入高端高频电子应用领域，并可以利用产品的性能价格优势，进入国际市场，提高瑞华泰在行业中的地位和产品的竞争力，确立在行业中的领军地位。

生产线一角

随着 5G 时代的临近，预计到 2023 年，国内所需高频电子基材用聚酰亚胺薄膜保守估计需求量将超过 1000 吨，全球高频电子基材用聚酰亚胺薄膜的需求量将超过 4000 吨，瑞华泰研制的新一代聚酰亚胺薄膜将大有用武之地。

汤昌丹透露，瑞华泰在完成二期项目建设后，未来 5 年期间，将投资建设年产 8000 吨高性能聚酰亚胺薄膜及树脂高技术材料的产业基地，对提升我国在新材料领域国际市场地位和满足我国战略性新兴产业发展的市场迫切需求有着重要意义。该项目拥有自主核心技术能力，是目前国内聚焦聚力发展聚酰亚胺产业最具规模、具有先进的智能生产管理、配套最为完善、产品系列最完整、设计水平最为领先、投资力度最大的建设项目，充分体现出项目的高质量、竞争力和现代化。届时瑞华泰将继美国杜邦、日本钟渊化学之后跻身世界高性能聚酰亚胺材料制造的第一集团，更好地服务于国家在宇航战略、深蓝战略、中国制造 2025 战略和新能源战略发展的基础材料需求，重点在国家电子信息产业、5G 通信技术、高铁、大飞机、新型显示技术、新一代核能、超导和军民融合民参军等项目中提供有国际竞争水平的材料解决方案，成为中国新材料领域颇有作为的供应商。

汤昌丹很看好粤港澳大湾区的建设给新材料产业所带来的机遇。他说："随着粤港澳大湾区 IT 业、5G 通信业、新型显示业、消费电子业、集成电路业、高端装备制造业、智慧汽车、新能源汽车、航空航天、光伏业的兴起及蓬勃发展，必然带动相关聚酰亚胺配套材料的发展及市场需求的增长。聚酰亚胺是粤港澳大湾区各产业链环节中重要的基础新材料，它的应用领域非常广阔；还有，高性能聚酰亚胺一方面是国家战略性材料，另一方面又是我国'十三五'战略性新兴产业中所需要打破垄断的必需材料，在企业致力发展规模的同时，我们也必须面对新材料成长的基本规律。新材料产品的技术门槛高，认证及市场培育期较长，通常一个产品需要经历研发阶段、中试阶段、产业化阶段、产品认证阶段、商品化阶段，真正形成市场往往至少要3—5年的时间。这需要我们大家有足够的耐心和专注力共同做好这个战略性新材料。"

瑞华泰公司实验室对聚酰亚胺的结构进行改性研究，
以达到产品的功能性应用

04 柔宇科技：
成长中的全球柔性
显示探索者

粤港澳大湾区
战略性新兴
产业研究

柔宇科技

柔宇科技是全球柔性显示、柔性传感、柔性屏手机及相关智能设备的探索者，专注于下一代人机交互及万物互联技术和产品的研究、开发、生产及销售。

柔宇科技于2012年在中国深圳、香港及美国硅谷同步创立，5年内先后获得国内外知名投资机构的六轮共同投资，已发展为来自全球20余个国家和地区、2000余人的国际化团队，成为全球成长最快的高科技创业公司之一。

2014年，柔宇在全球第一个发布了业界最薄、厚度仅0.01毫米的柔性显示屏，引领了柔性显示和柔性电子产业的国际新潮流。2018年，柔宇科技全球首条具有自主知识产权的类六代全柔性显示屏大规模量产线点亮投产，迅速获得多个行业的大额市场订单，同年发售全球首款真正的消费级可折叠柔性屏手机FlexPai柔派，一举获得世界三大设计奖项之一——红点设计大奖。

柔宇已在国内外储备3000余项核心技术知识产权，并将产品销售到20多个国家和地区。柔宇投资超过100亿元的国际柔性显示基地及全球首条具有自主知识产权的类六代全柔性显示屏大规模量产线于2018年在深圳投产，可支持移动终端、智能交通、智能家居、运动时尚、教育办公、文娱传媒等大量行业应用。

【创业历程】

刘自鸿：选择柔性屏的创新方向从未动摇

2019年5月30日是"全国科技工作者日"，柔宇科技在总部深圳首次举办媒体开放日活动，面向多家媒体开放全球首条类六代全柔性屏量产线，并邀请媒体深度体验了目前市场上唯一在售的折叠屏手机柔派和其他多款基于柔性屏和柔性传感器的产品。

柔宇科技创始人兼CEO刘自鸿博士向笔者介绍，与其他行业相比，硬科技创新难度更大，风险也更大，需要长期研发投入、持续积累，这样的企业需要更大的成长空间，需要各界的包容和支持。无论外在环境如何变化，柔宇科技团队一直在清醒坚定地进行创新。"我们知道这是一条注定漫长、不容易走的创新之路，但既然选择了柔性屏的创新方向，我们多年来从来没有怀疑过，也从未动摇。"

柔宇科技全柔性屏量产线产能爬坡迅速

2019 年 5 月 30 日，媒体开放日活动大约有 50 分钟参观环节，记者们近距离参观了曝光机、蒸镀机等多款高精密、高自动化设备，了解到柔性屏生产的整个工艺流程。

柔宇科技创始人兼 CEO 刘自鸿博士

在这里，单层约 10 米高的洁净间内宽敞明亮，高精尖、高度自动化的设备正在有条不紊地运转；部分地板上有不少小孔，上方对应的天花板上也有密集小孔。柔宇科技工作人员告诉记者，整个生产线的洁净度要求非常高——每立方英尺 0.5 微米的颗粒物小于 100 个。因此产线里设置了无尘室循环系统，这些小孔都是密集通风口，循环风从上往下吹，可带走热量、灰尘等影响洁净室环境的物质。

在柔宇科技生产线现场，笔者上手体验了柔宇科技全柔性屏的裸屏，约 8 英寸大小的屏幕未点亮时外观呈银色，非常轻薄，厚度与家用的保鲜

柔宇国际柔性显示基地位于深圳市龙岗区，建筑面积约 40 万平方米

膜相当，可以在手上轻松卷曲成食指粗细的圆筒状。柔宇科技工作人员介绍，折叠屏手机上使用的柔性屏正是这种可卷曲的柔性屏，薄薄的屏幕上集成了超过 2000 万个柔性超精密器件、600 万级柔性集成电路、近百种微纳米薄膜材料。

柔宇科技全球首条类六代全柔性屏量产线位于深圳市龙岗区，占地面积约 10 万平方米，建筑面积约 40 万平方米。该生产线筹建于 2015 年，2016 年在一片荒草地上正式开工建设，2018 年 6 月 6 日正式点亮投产。

"如果大家 3 年前来，这里还是片荒草地。两年前，这里还是一片工地，还在打桩。很多人可能很难想象，一年多以后这里就能竖起这么现代化的厂房，而且所有的设备都跑通了。"刘自鸿介绍，柔宇科技是国内唯一一家没有采用国外传统曲面显示技术路线的公司，柔宇科技自主研发的全柔性显示屏量产线更高，投资成本更低，产品的柔性和显示性能更加优越。

他表示，柔宇科技的全柔性显示屏量产线完全由柔宇科技团队自主设计、研发制造，拥有 3000 余项核心技术自主知识产权，点亮投产后已获得多个行业的大额市场订单，整条产线的产能、良率都在快速爬坡。

那么，刘自鸿作为一名海外留学归国人员，是如何一步一步地实现柔性显示技术的产业化的呢？从"0"到"1"再到"N"的路上，他跨越了哪些沟壑？

"清华和斯坦福给了我丰富的养分"

　　刘自鸿少年时曾经获得全国奥林匹克物理和化学竞赛一等奖，17 岁成为江西抚州理科高考状元，而后是清华大学十佳优秀研究生、斯坦福大学罕见的入学不到三年即完成博士学位的毕业生。他发自肺腑地说："清华大学'行胜于言'的校风、严谨务实的精神，斯坦福大学'自由之风永远吹拂'的校训、鼓励创新的氛围，给了我丰富的养分。"

　　2003 年，刘自鸿凭借"人体生物智能传感及应用系统"一举夺得第八届"挑战杯"全国大学生课外学术科技作品竞赛个人特等奖、全国总冠军。那一年，刘自鸿年仅 20 岁。

　　提起他的创意，非常有意思。出生在南方的刘自鸿，小时候冬天睡觉习惯用电热毯。可是电热毯用的时间久了，温度就会过高，晚上睡觉会被热醒；然后把电热毯关掉，可关掉不久又会感觉很冷，要再醒来把它打开。一个晚上折腾很多次，所以总是休息不好。如何解决这个问题？是不是可以用一种技术来自动调节呢？为了证实自己的想法，他到图书馆查阅了大

2018 年 6 月，柔宇科技自主研发的全球首条全柔性显示屏大规模量产线在深圳成功点亮投产

量的资料，并研读了许多关于这方面的生命科学书籍，最后问题的关键集中到了用什么来感知生理特征的变化上。经过仔细的钻研，喜欢创新的他想用一种全新的方法来实现他的想法。"这种自动生物调温要不同于传统空调的定温，它能利用电子技术检测人体生理状态的变化。"随后，刘自鸿进行了更加深入的研究并设计了一种新型的手腕穿戴式半导体传感系统。刘自鸿当时也没有想到，10年之后，可穿戴电子设备在国际上竟成为最受追捧和关注的产业之一。

几次参加创新大赛的经历让刘自鸿渐渐懂得，发现生活中的问题，并用专业的知识去解决它，这才是创造价值的方式。即使今天，他也常常告诫团队："有了问题不要抱怨，问题其实就是机会，解决问题其实就是在创造价值。"

2006年，刘自鸿同时拿到了剑桥大学和斯坦福大学的录取通知书，一个是英国有着近800年历史的老牌名校，而且罕见地提供了奖学金；另一个是以科技创新见长的美国大学。面对选择，刘自鸿把自己关在宿舍里思考了一个星期，并在"水木清华"BBS上发帖寻找帮助，一个未署名的陌生人给他写了一封长达四五千字的回信，陌生人最后的建议是，如果想做科技创新创业就去斯坦福，如果想做理论研究，剑桥是很好的选择。正是这封信，让刘自鸿坚定了去斯坦福攻读电子工程学博士的想法。"人生真的很奇妙，一个不认识的人，有时候会改变你的人生轨迹。人生总是存在一些偶然性。"刘自鸿回忆说，"美国源源不断地有引领世界潮流的科技成果产生，这是什么原因呢？我内心也很有兴趣想去斯坦福大学实地了解一番。"

　　刘自鸿到了斯坦福大学听到的第一句话是"自由之风永远吹拂"。他说："这是一句很朴素的话，却代表了创新的核心精神，鼓励你大胆地想象、自由地创造。在斯坦福的校园里，几个朋友坐在一起聊天，某个人提出一个新想法的时候，常常听到同学们反馈的第一句话是'Sounds interesting'（听起来很有趣），而不是'这不太靠谱吧''这太遥不可及了吧'，这对提出新点子的人来说，是很好的鼓励。斯坦福对我的影响非常深远，我喜欢原创思想和独立判断，不喜欢人云亦云，也不喜欢固守陈规。所以当时斯坦福电子系的教授们把已有研究课题放在网上要我们选择，而我没有选到自己感兴趣的课题时，就自己提议了一个新的方向。"

　　"我有个习惯，遇到问题喜欢去看历史。今天好像是一面镜子，能看到多远的历史，就能看到多远的未来。"刘自鸿想到，如果大屏幕可以像纸一样薄甚至可以卷起来带走，就可以解决显示技术面临的高清大屏幕和便携性之间的矛盾。他决定以"柔性显示"作为自己的博士研究方向。

　　然而，由于缺乏资金支持、技术指导，刘自鸿的"自选项目"给导师出了一个大大的"难题"。年近70岁的白发导师对刘自鸿说："我很惊讶你提出的想法，你是第一个自己提出全新方向的学生，我很赞赏你的勇气！但这是一个全新的方向，我也没做过，可能无法给你指导。你可以比较详细地写下设想吗？"按照导师的要求，他把自己的想法和计划写到一张纸上。幸运的是，这位曾在著名工业企业德州仪器担任CTO（首席技术官）的导师支持了他的想法，并为他争取到了10万美元的研究经费。

　　刘自鸿说："在清华，'行胜于言'的校风让我学会脚踏实地，而斯坦福'自由之风永远吹拂'的校训也让我受益匪浅。后来在创办柔宇科技的时候,就正好把二者结合起来,一方面我们要源源不断地有'从0到1'的科技创新成果,另一方面要从概念变成产品,再变成商品,最后到广泛使用的日常用品,用科技创新让世界变得更美好。"

柔宇科技让人们更好地感知世界

刘自鸿在2009年拿到了斯坦福大学的博士学位,毕业后,他进入IBM位于纽约的全球研发中心工作了近三年。这期间,他对柔性显示领域的想法和激情从没有减退过。"一直都像打了鸡血一样,对柔性显示研究心心念念,没有放弃过,但当时创业条件不成熟,就先就业,在IBM学习美国科技公司的管理理念和经验。"

2012年3月,刘自鸿从IBM辞职,开始组建创业团队。他回忆说:"一次我在美国纽约开车的时候,想到公司名字叫什么好呢?柔性显示,'柔'字很博大精深,中国文化讲究以柔克刚;另一方面我们期望让柔性显示无处不在,就用'宇宙'的'宇'来代表这层意思,所以公司名字就叫'柔宇'吧。"

同年8月,柔宇科技有限公司在中国深圳、香港和美国硅谷同步成立。刘自鸿说:"我们当时选择在深圳、香港和硅谷同步创立公司,主要是考虑硅谷有我们需要的人才和研发资源,深圳的研发人才和配套的产业链也非常重要,香港则具有对接国际供应链和市场的自由化平台。比如,我们现在所做的显示行业、智能终端产品，需要配套的产业链其实非常多，而硅谷并不完全具有这些资源。"

公司成立之初，刘自鸿每月往返深圳和硅谷，甚至在朋友家睡了三个月的地板，工作到凌晨两三点钟是常有的事。"当年在美国工作收入还不错，创业后第一年的工资变成 3666 元，还是自己特意选择了一个吉利数字。我们创业不是为了追求身价或者财富多少，我们希望的是用技术创新来解决产业中最核心的使命问题，为社会带来更简洁、更便捷的产品，不

柔宇科技全球首条全柔性显示屏大规模量产线的自动化设备

断创造核心价值。其他的是顺其自然的结果，正常情况大家的付出自然会有公平的回报。一个人创业只是盯着钱，一定会'死'掉。"

创业的艰难远远不止物质，攻克柔性显示屏的技术屏障更是困难重重。与液晶屏不同，柔宇科技研发的柔性屏是在一个极薄的薄膜上做出千万个晶体管，再把发光的材料做上去，这对技术和工艺的要求都非常高。用刘自鸿的话说："这就像在豆腐上盖一栋大楼。"

两年后，柔宇科技成功推出厚度只有 0.01 毫米的全球最薄可折叠可卷曲的柔性显示屏。4 年后，柔宇科技市值已突破 30 亿美元，成为全球成长最快的独角兽科技创业公司之一，并在国内外储备了超过 700 项核心技术知识产权。到 2019 年 5 月，柔宇科技已在国内外储备 3000 余项核心技术知识产权，并将产品销售到 20 多个国家和地区。

目前，柔宇科技的产品包括柔性显示屏、柔性传感器、可折叠柔性屏手机 FlexPai 柔派等一系列新型智能终端产品及行业解决方案，客户对象包括企业级用户和普通消费者。那么刘自鸿为何要做全产业链的布局呢？在上述三个方向上，柔宇有哪些新的技术成果推向市场？

刘自鸿说："彩色柔性显示屏是柔宇科技的核心技术，也是公司研发的第一款产品，后来由于柔性显示需要传感技术的支撑，而我们当时在市场上没有找到成熟的产业配套，就只好自己独立研发柔性传感器技术，这也就是公司推出的第二类产品。"

位于深圳市南山区的柔宇科技展厅里陈列着已量产的新型超薄彩色柔性显示屏，其厚度仅有 0.01 毫米，打破世界纪录，卷曲半径也仅有 1 毫米。超薄、可卷曲的柔性显示屏涵盖新型电子材料的开发、高性能高稳定度的微纳米电子器件结构设计与工艺开发、新型显示背板工艺及生产流程优化、柔性电子集成电路设计、软件控制系统开发等多项交叉领域。因其超薄、轻便且富有柔性，可应用于移动终端、智能交通、智能家居、运动时尚、教育办公、文娱传媒等多个领域，仅消费电子领域就可用于新型智能手机、平板电脑、可穿戴设备等。

"最初我们的设想是把柔性显示技术直接提供给终端产品厂商，但发现传统的厂商对这类崭新技术的接受和理解需要一个过程，我们就把终端产品解决方案尽可能完整地做出来加速这个过程。这有两个作用：一方面直接带来市场销售；另一方面为新兴产业打开一条通路，引导企业级客户更清晰地看到柔性显示技术的具体应用方向。所以我们成立了专门的部门，针对移动终端、智能交通、智能家居、运动时尚、教育办公、文娱传媒几大领域厂商提供终端产品解决方案，同时也发布了自主品牌的终端产品。"

过去几年来，柔宇科技量产了折叠屏手机 FlexPai 柔派、智能手写本柔记 RoWrite、高清柔性屏衣帽、3D 移动影院 Royole Moon、智能美颜自拍杆等多款新型智能终端产品，产品获得用户高度好评，并荣获红点设计大奖等国内外知名设计奖项。

2018 年 6 月 6 日，柔宇科技全球首条具有自主知识产权的类六代全柔性显示屏（不同于传统固定曲面显示产品）大规模量产线点亮投产，迅速获得多个行业的大额市场订单。

2019 年 2 月，柔宇科技联手空中客车 Airbus 对外展示全球首创高清、超薄行李架柔性显示屏。这也是柔宇科技与空中客车签署战略合作备忘录以来，双方在"柔性电子＋智能交通"领域的合作研发成果之一。

2019 年 2 月，柔宇科技的"柔树""柔衣"、柔性屏时尚衣帽等基于柔性屏的创新产品陆续登上大年三十播出的央视春晚、正月初一播出的 2019 年广东卫视春晚、正月初二播出的 2019 年深圳卫视春晚，实现了国家级、省市级春晚的"大满贯"。

2018 年 6 月，柔宇科技全球首条全柔性显示屏大规模量产线，工作人员对成品进行外观检查

柔宇科技联手空客展示的全球首创高清、超薄行李架柔性显示屏

同年 5 月，柔宇科技与路易威登携手合作的全球首款柔性屏手袋首次在美国纽约的"Louis Vuitton 2020 早春女士时装秀"公开亮相。全柔性显示屏赋予手袋实时变幻的个性风格和无限设计灵感，让手袋不再是人们的装饰配件，还可以成为一款人机交互智能设备。

刘自鸿介绍："我们在深圳国际低碳城投产的生产线主要负责生产柔性显示屏，总投资将近 110 亿元，主要是面向消费电子之类的中小尺寸的柔

"Louis Vuitton 2020 早春女士时装秀"展示的柔性屏时尚手袋 (图片来源：Louis Vuitton)

性显示屏。因为这一块的市场需求很大，包括很多大的手机厂商，现在都开始全面转向柔性、曲面显示屏，柔性电子已是大势所趋。这对我们而言也是一个好消息，表明大家都已经认可了柔宇科技这么多年一直在努力推进的柔性显示的发展方向。"

谈到自己欣赏的商界巨子，刘自鸿坦言欣赏苹果教父乔布斯："他对科技创新非常执着，有独立的思想，对产品精益求精，正是这些勇于创新、勇于冒险的企业家们，推动了社会的进步，他们身上的精神特质很值得我们去学习。但世界上没有完全相同的两片树叶，每个人的基因和成长经历都不一样，各有特点，无须模仿，我们要做的是不断学习优秀公司的长处，结合自身的特长、产业环境、实际情况，塑造独特的自己和企业文化。"

　　刘自鸿认为，坚持做自己喜欢做的事情，而且是做自己擅长做的事情，这件事情对社会确实是有意义的，那么创业者就能克服种种困难，坚持不懈。

　　"你创业所选择的方向一定要对社会有价值、有贡献，你做的事业可以让世界变得更美好，有正向的价值，那么你就会从中找到坚持的意义，不会轻易放弃。柔宇科技的目标是'通过技术创新让人们更好地感知世界'，我认为做这件事情非常有意义，所以乐此不疲。"刘自鸿说，"因为我们不再是为了外部的荣誉而战，也不容易因为遭受他人的质疑或嘲讽就动摇了信心，我们是为了内心所喜爱的、对人类有价值的事业而奋斗，就可以一直坚持不懈地走下去。"

折叠屏手机柔派销量超出预期

　　继 2018 年 6 月在全球率先量产全柔性显示屏后，柔宇科技 2018 年 10 月在北京发售全球首款可折叠柔性屏手机柔派。柔派发布后，2018 年底被英国 BBC 评为世界通信行业发展史上的标志性手机，很快又被《福布斯》列入 CES（国际消费类电子产品展览会）2019 全球五大趋势之一，2019 年荣获美国国际数据集团（IDG）"2018 全球手机最佳创新突破奖"和国际主流媒体多项权威大奖，被多家国际媒体评为"CES 最佳"，并于 2019 年 3 月荣获世界三大设计奖项之一的红点设计大奖。

2019 年 CES 上，众多观众体验全球首款可折叠柔性屏手机 FlexPai 柔派

　　市场研究机构 IHS 预测，2025 年可折叠手机出货量将达到 5000 万部，年复合增长率达到 80%。柔宇科技副总裁樊俊超表示，自柔宇科技 2018 年 10 月率先发售全球首款消费级折叠屏手机柔派以来，全渠道的销售情况超出预期，用户反馈良好，相信未来折叠屏手机会成为更加明显的行业趋势。

　　柔宇科技创立之初设定的公司使命是"通过技术创新让人们更好地感

知世界"。为了使柔性显示屏更快更好地让全球各地的消费者受益，柔宇科技的商业模式与许多传统显示屏厂商不同，它在业界首次提出了"柔性＋"的理念，即把柔性技术作为平台型技术，广泛应用到各行各业，因此采用的是"B2B＋B2C"的模式。

"其实柔宇科技并没有把自己定位为单纯的柔性屏厂商或手机厂商，我们的核心技术包括 0.01 毫米全球最薄彩色柔性显示屏和新型柔性传感器，核心业务包括基于'柔性＋'平台的可折叠柔性屏手机 FlexPai 柔派等一系列新型智能终端产品及行业解决方案。"刘自鸿表示，柔宇科技在创立早期就成立了专门的 B2C 部门，去探索、设计并制造一些产品，并在多年积累后推出了柔派等多款面向消费者的终端产品，目前各界反响良好。

刘自鸿说，过去几年，柔宇科技已经实现了从 0 到 1、从 1 到 N、从 N 到 N+ 的创新，其中 2014 年在全球第一个发布了业界最薄、厚度仅 0.01 毫米的柔性显示屏是从 0 到 1；2018 年点亮投产全球首条具有自主知识产权的类六代全柔性显示屏（不同于传统固定曲面显示产品）大规模量产线是从 1 到 N；折叠屏手机柔派、高清柔性屏衣帽、智能手写本柔记等则是从 N 到 N+ 的探索；这些产品的订单量和用户评价是柔宇科技团队继续在"N 到 N+"前进过程中的巨大动力。

虽然柔宇科技被看作中国公司引领国际创业潮流的代表，刘自鸿也获得多个国际奖项——2017 年成为世界经济论坛"全球青年领袖"、2019 年成为《财富》"全球 40 位 40 岁以下的商界精英"，但是他认为公司还在快速发展的路上，始终要保持极为勤奋而务实的工作状态，几乎每天的工作时间都超过 16 个小时。

面对各界的褒奖、肯定，他曾常常对团队说："无论是顺势还是逆境，都必须坚定地保持冷静、专注、务实。但凡沾沾自喜的时候往往是困难来袭的开始。柔宇科技现在还只是一家成立 7 年多的创业公司，任重道远。企业是否成功的唯一标准，就是能不能为社会创造真正的价值并被用户和市场所接受。"

"思想就像墙面的钉子，打得足够深才挂得了重物。"这是刘自鸿在微信朋友圈里发出的一句话。这句话既显示出他对思想深度的追求，也显示出他希望拥有超强抗压的能力，这恰恰是一名优秀创业者所必须具备的两大特质。这位学霸级的年轻人，在深圳这块沃土上成长为新一代中国科技创新创业的代表性人物，他的成长历程势必带给更多青年创业者新的启迪。

【专家眺望】
5G 时代柔性屏将无处不在

柔性电子材料其实离我们并不遥远，普通消费者也能购买到售价仅数千元的柔性屏折叠手机，央视春晚等也出现了柔性屏的舞蹈服装，深圳机场充满科技感的柔性屏大树与国内外旅客近在咫尺。

所谓柔性电子材料，其实是一种统称，指的是那些不仅拥有导电性、半导性、发光性等普通电子元件功能，而且质地柔软，甚至可以弯曲折叠的材料。典型的柔性电子材料应用包括柔性显示器、柔性传感器、柔性电子织物、柔性电池和柔性线路板等。其中，柔性显示器和柔性传感器是目前最重要的研究和应用领域。中国科学院院士曹镛等多位权威专家曾公开表示，柔性显示是未来发展的方向。

柔宇科技创始人兼 CEO 刘自鸿博士很看好柔性材料的市场前景，他说："5G 的普及，将进一步加速万物互联，柔性屏应用场景十分广阔。"

全球柔性材料市场空间大

近几年来，西方发达国家纷纷布局柔性电子，投入巨资深耕。比如美国 FDCASU 计划、日本 TRADIM 计划、欧盟第七框架计划中的 PloyApply 和 SHIFT 计划等，仅欧盟第七框架计划就投入了数十亿欧元的研发经费，重点支持柔性显示器、聚合物电子材料设计和制造、柔性电子器件批量化制造等方面的基础研究。

柔性 AMOLED 是新型半导体显示技术之一，也是在中小尺寸显示屏领域中正在成为主流趋势的技术。随着 5G 互联网时代的到来，柔性显示技术将扮演更加重要的角色。

业内人士认为，3G 主要是解决音频问题，4G 主要是解决视频和图片传播，而 5G 解决的是万物互联的问题。随着 5G 时代的到来，物与物连接的时延降到极低，更多物体将被连接，摄像头、椅子、灯等都可以连接

　　起来，实时交换信息，这也要求新的人机交互方式出现。

　　如果说芯片是 5G 的基石，5G 是一个社会强大的神经系统，那么柔性电子就是万物互联中"万物"的智能皮肤，它尽管没有大脑或心脏那样的地位，但时时刻刻影响着我们与世界的连接效率、舒适程度，将会与我们密不可分。

集成柔性显示屏的智能音箱在 2019 年 CES 上首次公开亮相，荣获 CES 创新产品大奖

英国知名科技类媒体 New Electronics 2019 年 6 月在关于未来柔性电子发展趋势的文章中指出，到 2027 年，全球印刷和柔性电子市场价值预计将达到 3300 亿美元，其中柔性屏将成为主要的细分市场。

中国光学光电子行业协会液晶分会（CODA）联合群智咨询（Sigmaintell）2018 年 10 月共同推出的《中国新型显示产业蓝皮书（2017—2018）》显示，伴随着技术创新和新旧技术的迭代，全球新型显示产业运行走向基本稳定，预计受到更多 AMOLED 产能释放、8K 显示技术成熟、Micro LED 技术量产等多元新技术进步的拉动，从 2020 年开始，全球新型显示面板产值规模将呈回升态势。

历经数十年发展，全球显示产业规模超过千亿美元，液晶、LED、激光、电子纸等多种显示技术竞相发展，尤其是 OLED 柔性显示、透明显示等创新显示技术，深刻改变传统显示应用形态，显示产业进入转型升级的重要时期。

柔宇科技探索出全产业链整合新路径

柔性 AMOLED 显示技术所属的新型显示产业是我国信息产业重要的战略性和基础性产业，在"十二五""十三五"期间均被列入国民经济和社会发展规划重点发展产业。

深圳作为国家电子信息产业重镇，为提升制造业的国际竞争力，建设全球领先的电子信息产业基地，在《深圳市国民经济和社会发展第十三个五年规划纲要》中提出"巩固提升战略性新兴产业支撑作用",并将新型显示列入战略性新兴产业重点领域,也明确提出"打造信息基础产业新优势,提升新型平板显示器件及关键材料的国产化率,持续扩大低温多晶硅和氧化物液晶面板生产能力,推进柔性显示、超高分辨率显示等技术产业化进程"。

柔宇科技采用的颠覆式技术创新意义深远,对发挥我国在电子信息产业尤其是柔性电子产业全球局部领跑的优势具有积极促进作用。

技术先进性方面,柔宇科技创新开发了与国外传统曲面显示技术路线完全不同的技术路线,通过新型的超低温非硅半导体工艺成功实现了中小尺寸移动设备的高分辨率全柔性显示屏的量产,是目前国内唯一一家没有采用国外主流固定曲面显示技术路线的企业。

产业链集聚功能方面,柔宇科技类六代柔性显示屏生产线项目的建设会带动基板、靶材、偏光片、驱动IC、控制IC等上游产业发展,同时还会促进自主电子装备产业的应用。此外,还会拉动下游终端产品制造商在其周围聚集,从而形成互补联动的产业发展格局。

通过柔宇科技类六代柔性显示屏生产线的建设,公司将形成深圳市在柔性显示面板领域规模化生产的中小产品尺寸全覆盖,进一步发挥拉动效应,吸引更多的上下游配套供应商在周边设厂,降低原材料采购成本,优化产业链能力,带动深圳市区域经济的发展,提高区域经济的竞争水平。

2013年以后,智能移动终端的用屏开始成为半导体显示器的主流市场,在中小尺寸领域的突出性能使得OLED显示产品在智能终端领域应用不断深入，销量和应用上全部成功实现了快速突破。移动显示设备和新型可穿戴智能设备厂商对 OLED 屏幕的需求加剧了 OLED 面板供不应求的状况，OLED 显示产品生产能力不足成为制约高端智能显示终端市场成长的短板。

"随着技术的不断成熟和产品的高端智能化发展，未来几年 AMOLED 产品需求还将持续快速增长，柔宇科技类六代柔性显示屏生产线建设是满

全球首款消费级可折叠柔性屏手机 FlexPai 柔派正在天猫和柔宇官网热销

足高端智能显示终端市场快速成长的重大举措。"刘自鸿介绍。

科技创新引领方面，柔宇科技投建的这条类六代全柔性显示屏（不同于传统固定曲面显示产品）量产线无任何经验可借鉴，从一片荒芜出发，柔宇科技培养了一种全柔性屏生产线的建线能力，培养了一支在工业规模上掌握柔性 AMOLED 技术的千人工程师团队，探索了一条从全柔性显示屏材料、设备到元件的全产业链整合方法，最终以创新的技术路线大幅降低整体工艺和设备投资，以投产出货证明了项目的可行性，这些创新实践对于我国的新一代显示行业发展都将具有积极意义。

刘自鸿透露，全柔性屏与固定曲面屏的难度不同，用户对产品使用上的需求有根本区别，如全柔性屏需要满足用户数十万次弯折的需求，而固定曲面屏只需要在工艺过程中达到有限次数的弯曲，因此全柔性屏对屏幕的结构和工艺的挑战更加严格。柔宇科技量产的全柔性屏经过超 20 万次的弯折测试和扭曲测试、张力测试、跌落测试等严格检测，整个产品的安全性、稳定性、可靠性及使用寿命均已验证达到消费者使用要求。

他表示，柔宇科技近年来已陆续与各行各业的企业建立了合作伙伴关系，目前有数百家企业客户，未来将有更多企业客户推出的产品与全球消费者见面。比如，在运动时尚领域，柔宇科技与路易威登携手合作的全球首款柔性屏手袋 2019 年 5 月在纽约举办的"Louis Vuitton 2020 早春女士时装秀"上首次亮相；在智能交通领域，柔宇科技与空中客车（中国）创新中心已签署战略合作备忘录，2019 年 2 月联合展示全球首创高清、超薄行李架柔性显示屏。

5G 加速万物互联，柔性屏应用场景广阔

近几年来，柔宇科技量产的折叠屏手机柔派、高清柔性屏时尚衣帽、柔性广告屏、柔性屏智能家居和智能交通产品、智能手写本柔记、美颜自拍杆等已逐渐走入人们的生活。

未来，柔性屏还将给人们的生活带来哪些改变呢？

"如今物联网还相当于刚刚出生的婴儿，很多东西远远没有实现万物互联。随着 5G 时代的到来，物与物的时延降到极低，更多物体将被连接，更加需要新的人机交互方式。"柔宇科技的柔性显示、柔性传感技术是全新的人机交互方式，有助于打破物理空间限制，未来更多的物体可以通过柔性电子技术进行连接，让更多物体成为万物互联的一部分。柔宇科技副

柔宇科技自主研发的"柔衣"亮相央视春晚、深圳卫视春晚

总裁樊俊超曾引用著名科技杂志《连线》(*Wired*)创始主编、互联网预言家凯文·凯利(KK)在《必然》一书中提到的概念"屏读(screening)"——(未来)屏幕将无处不在,任何一种表面都可以成为屏幕,看的书是一个屏幕,接触的所有表面都可以是一个屏幕,甚至有的衣服都可以做成屏幕,不同的屏幕之间形成了生态系统。

谈及未来信息产业发展趋势,樊俊超认为人机交互、人工智能和万物互联是三大发展方向,柔性显示、柔性传感是新型人机交互技术中的平台型技术,能广泛应用到各行各业,与人工智能和万物互联将深度融合发展。

他表示,柔宇科技与许多新锐的硬科技企业一样,从很早期就开始在"无人区"摸索,几乎没有任何既有经验可循,发展模式也与常规方式有所区别。

樊俊超说:"人们常说'摸着石头过河',我们是河里连石头都没有,凭着对科学规律的理解、凭着对柔性显示的理解,一路坚持下来。我们也很欣慰不断有更多合作伙伴、更多投资机构加入,真金白银投票选择我们的消费者也越来越多,这都让我们对未来充满信心。"

科幻巨匠艾萨克·阿西莫夫曾有一句名言:"人类总会选择最安全、最中庸的道路前进,群星就会变成遥不可及的幻梦。"作为一名崇尚创新、死磕创新的后起之秀,柔宇科技从起步的那一天开始,就面对过一些质疑的眼光,而他们一路披荆斩棘地走过来,坚信所选择的创业方向是时代所需要的,曾经的梦想正在一步步变成美好的现实。

(注:柔宇公司接受采访时间为 2019 年 8 月。)

05 光科全息：
尖端技术产业化
实现飞跃式发展

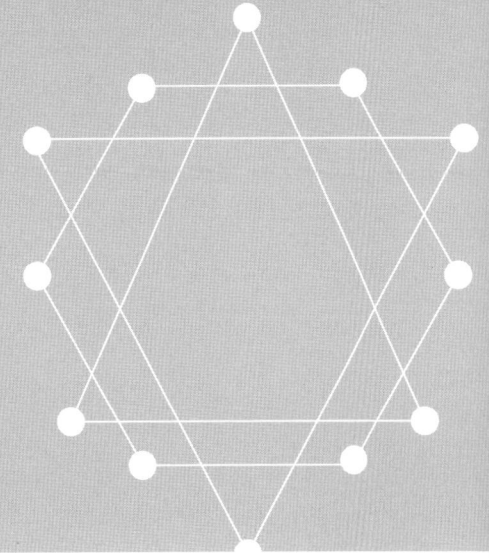

粤港澳大湾区
战略性新兴
产业研究

企业档案

光科全息

深圳市光科全息技术有限公司（以下简称"光科全息"）由郭滨刚博士从海外归国后创办。光科全息于2016年3月开始正式运营。依托深圳市优秀的产业发展支撑环境，光科全息实现了飞跃式的高速发展：从最初落地的三个人小团队，经过两年八个月的时间，发展成为拥有一家总公司及三家产业子公司、两家制造基地，并与四所知名高校确立合作研发体系及建立联合实验室的国家高新技术企业。

光科全息在光子晶体超材料技术领域持有世界领先水平的自主知识产权核心技术，开发的光学滤波薄膜及产品目前已被应用于各种信息显示和LED产业，未来期望在光半导体材料、光通信、光芯片制造，以及各种先进超材料器件领域发挥其巨大应用潜力。光科全息目前已向海内外市场推出了包括"短波长蓝光波段、红外波段选择反射型光学滤波薄膜器件及相关光健康防护薄膜""超高画质光学投影成像薄膜产品"等一系列产品，获得了包括中国、日本及美国等有关用户的好评。随着不断研发，光子超材料薄膜开始应用到日常的商业显示、传媒广告、电影放映等多个场景。基于企业独有的世界领先核心技术，光科全息在运营一年十个月即获"国家高新技术企业"资质，第二年即被纳入"深圳标准"重点单位，于2018年7月被选入深圳市"潜在独角兽"榜单，并被中央电视台、中央广播电台、人民网、《深圳特区报》、深圳电视台、日本MBS每日放送电视台、日本东京电视台等其他媒体多次报道。

【创业历程】

郭滨刚：研制光子晶体
薄膜材料的领军人物

2018 年 4 月，深圳市光科全息技术有限公司与江西省赣州市章贡区人民政府在赣州市签署合作协议，共同投资建设赣州光科全息先进光学滤波薄膜制造基地，现在基地一期建设已顺利完成并启动生产。2019 年 4 月，深圳市光科全息技术有限公司与郑州航空港经济综合实验区管委会、惠银东方（北京）投资管理有限公司三方在郑州签署战略合作意向，计划未来将共同投资建设光科全息光学成像薄膜制造基地。

深圳市光科全息技术有限公司董事长郭滨刚表示，光科全息创办不到3 年时间，实现了跨越式发展，国内良好的创业环境大大缩短了光科全息技术成果从应用到生产的转化周期，促进技术创新与成果转化，取得了良好的经济效益和社会效益。郭滨刚博士曾携光科双面显示高清光子屏数字标牌系统赴联合国参加第二届联合国华人艺术设计成就展，荣获"杰出华人企业家"称号。

回国：只为瞄准光子晶体材料创业

2016 年 3 月，郭滨刚孤身一人从日本东京飞往深圳。在飞机上，郭滨刚回忆了自己在日本奋斗的 10 年历程，他从西安交通大学材料专业博士毕业后，就来到日本东京大学做博士后研究员，主要从事光材料的研究工作。他被认定为日本"高度人才的外国人"，作为日本文部省府省共通登录研究员，在研究工作中，他了解到光子晶体材料具有广阔的应用前景，能够应用的领域包括但不限于显示产业、光源/照明、光健康/生物光学、传感器、光通信、光芯片、光半导体。所有的这些行业都蕴含着数百亿甚至数千亿美元规模的市场价值，作为集群化的产业效应，

郭滨刚博士

未来具有总规模超过万亿美元的巨大产业及市场总价值。

"我数年前就计划回国创业实施光学材料技术的产业化，于是在 2015 年便委托在深圳的朋友注册了光科全息公司，2016 年初我第一次到深圳来实地考察创业的环境，没想到深圳公务员给我留下了极其深刻的印象，改变了过去我对公务员刻板的印象。"郭滨刚感动地说，"我是真正的一穷二白，创业需要的启动资金、场地、团队，我一样也没有，有的只是脑袋里学到的技术和一份归国人员证明书。"

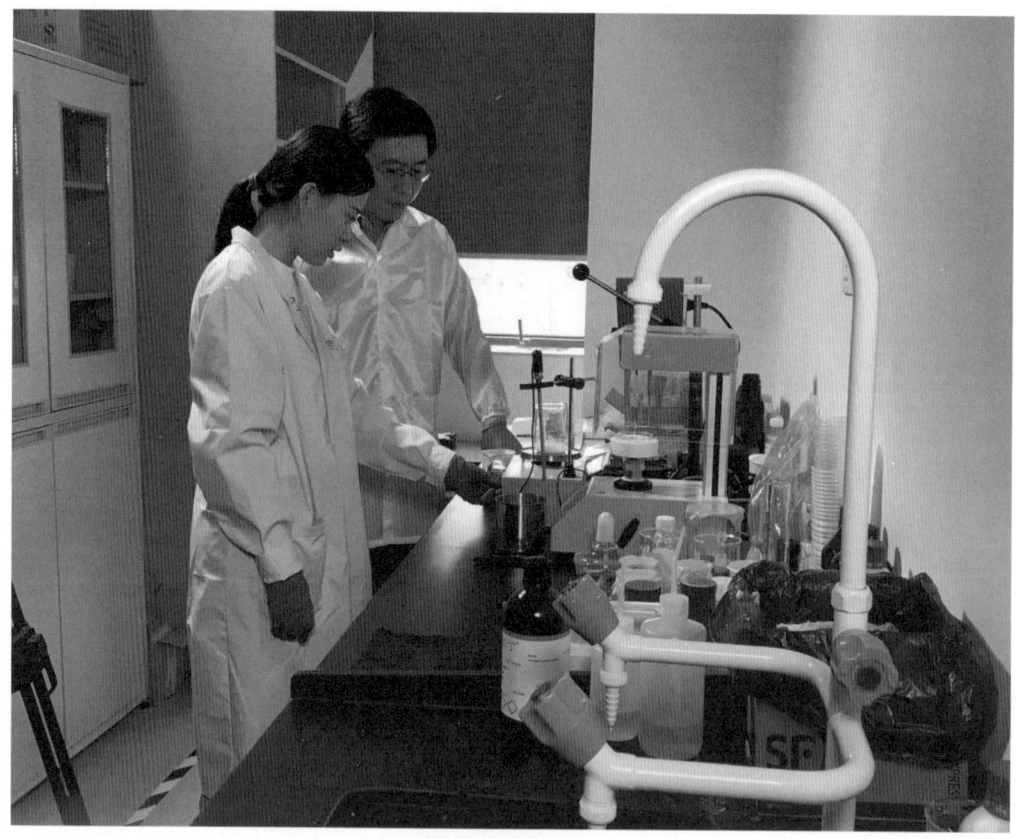

郭滨刚博士在实验室工作

深圳市委组织部工作人员热情地接待了郭滨刚博士，并安排专人陪同他到深圳的科技企业、研究机构实地考察，感受深圳拥有的独具特色、十分高效的创业环境。他当时问这位工作人员："你没有别的工作吗？怎么会成天陪着我到处考察企业？"工作人员告诉他，他的工作任务就是帮助郭博士的项目顺利落地。于是，在组织部协助下，郭滨刚在短时间内就了解了深圳的创业环境，汇集获取了创业必需的各种信息资源，不仅顺利申请入驻了虚拟大学园产业转化基地，而且很快就找到创业的合伙人启动了开发工作，并在 2016 年 5 月，成功获得了天使投资人提供的 1500 万元的创业启动资金。

"2018 年，东京电视台记者来公司采访我的时候，我向他们介绍了自己的真切感受，深圳行政方面办事效率非常高，公务员素质也很高，深圳是真正有希望成长为亚洲硅谷的高科技领袖城市。"郭滨刚对深圳的创业环境赞不绝口。

跨越：从实验室到产业化的沟壑变通途

光子晶体材料具有广阔的应用前景，那么最先从哪个领域入手呢？这是很考验技术型创业者智慧的一个题目。郭滨刚去日本寻找专门生产光子晶体材料的精密设备，发现这些设备的售价奇贵，一台设备动辄需要数千万元甚至更加昂贵。他开始思考：如果没有足够的资金买到成熟的生产设备，那么，能否用国产设备先做一些产品实现应用落地呢？

他思考的结果是，既然卷对卷生产线、高效率加工模式受制于成本，那么就先采用国内小型的单体高真空设备，通过小尺寸、非连续的生产方式，得到高精度的小型光子晶体材料，再选择针对一些小尺寸产品的应用场景，做产业化尝试，这个产品应该可以用在半导体光学滤波器上。另外，在国内有不少企业拥有可连续化卷对卷生产的光学涂布生产线，那么就可以尝试采用这个生产方式，去制造出精度不那么高的、大尺寸的光学薄膜

郭滨刚博士在发言

材料。这样，可以将高精度小尺寸产品应用于光学滤波和半导体产业，将低精度大尺寸产品应用于影像显示产业，就能加快先进技术从实验室向产业化的转化速度和效率。

基于该决策，企业根据可行生产条件及时调整了产品化和产业化方向，光科全息的产品很快就找到了落地的场景。2016 年秋天，光科全息与分众传媒等传媒公司合作，把高端投影薄膜应用到电梯广告，由传媒公司负责铺设渠道，光科全息负责根据电梯门的尺寸设计投影薄膜的大小和提供整体解决方案，于是，用全新显示技术打开了传媒领域的一个细分市场——新兴电梯投影传媒行业。光科全息基于自有技术开发生产的光子薄膜材料在结构上由 4 层光学微结构阵列材料组合而成，通过微透镜光学原理获得了极为出色的高画质影像再现，成像画面非常细腻逼真。将该光学薄膜材料用于原本低画质的投影屏幕上时，相比传统投影屏幕上色彩暗淡惨白的效果，光科全息光子薄膜显示屏幕的效果实在要好太多，与液晶和 LED 显示相差无几。而且采用光子成像薄膜，在制造超大尺寸的屏幕时，材料成本和用户使用成本上都要远远低于目前的 LED 和 OLED 屏幕，形成了明显的产品竞争优势。

紧接着，高精度的光子晶体材料在新一代 LED 发光芯片领域获得了应用。"运用光子晶体结构设计制作成的半导体光学滤波器，嵌入 LED 发光芯片后，可以广泛用于手机、电脑和电视机的背光源体系，可以有效滤除 50%—90% 的短波蓝光波段的有害光辐射，这是一种全新高效的光健康产品，特别是为孩子们保护眼睛营造一个健康光环境，未来会有巨大的应用空间。"郭滨刚介绍，"作为研究人员来看，追求的是最高精度和最完美的科研结果，但在创业的道路上看，首先要考虑的是企业如何生存，如何活下来。我们研制生产的包括基于光子晶体结构的纳米复合超材料薄膜以及复合微透镜阵列光学薄膜材料都在市场上很快得到了应用，作为创业企业，光科全息在首个经营年度既实现健康发展和微盈利，目前企业资产每年实现稳步提升，彻底突破了高科技创业企业一贯的'烧钱'发展模式，超越常规实现了技术与市场化的平衡发展。"

原本受制于昂贵的生产设备，基于光子晶体结构纳米复合超材料成果从实验室走向产业化面临一条看似不可逾越的沟壑，就在这时，郭滨刚迅速实现了从科学家到创业者的思维转变，及时调整了产品的形态和应用方向，跨越了这条沟壑，从而打开了一条通途，光科全息也由此获得飞跃式发展。

2016年10月，在深圳"双创周"展会上，李克强总理、国家发改委领导，以及各位省市领导来到了光科全息的展位视察，并现场对归国高层次人才成功创业的事例做出了极大鼓励。"从亮相'双创周'后，全国各地来找我们买产品的用户络绎不绝，我们没有打广告，就已经迅速被大家了解了。"郭滨刚笑着说。

光科全息目前以信息显示产业为中心，通过技术带动市场、市场反哺技术的经营理念逐步推动技术和市场的双重提升，脚踏实地向其他领域渗透。当前，光科全息已经从商用显示产业出发，在多个产品市场上启动产品化和产业战略布局，并迈出了踏实的第一步，产品在上述领域内都已实现了量产化，并开始进入市场销售。

生根：努力降低光子晶体材料的生产成本

有市场分析机构指出，柔性显示器正在引领应用的大规模扩张和显示器市场的革命。同时，柔性显示器生产的收入从 2014 年开始，以 44% 的年复合增长率快速增长，并将在 2024 年达到 230 亿美元。但这个巨大的市场，目前大部分仍是由有机发光二极管——OLED 材料所带动的。

在国内乃至国际，光子晶体材料的研究和应用仍主要停留在实验室阶段，还没有被成规模运用于包括显示产业在内的各工业领域。即便是在发达的美、日和欧洲等，也是处于同样的阶段。

郭滨刚认为，一直以来投影技术市场的发展一直受到投影成像画质低劣的问题阻碍，致使投影技术在人们的心目中一直都是低画质、色彩暗淡、惨白影像等的代名词，无法实现如同家用电视机一般的高画质高色彩指标的要求，无法满足市场与用户对高画质影像欣赏的需求，这一缺陷直接导致投影显示技术并没有在消费电子领域得到大规模应用，然而投影技术又是一个能方便实现大画面显示的低成本、低能耗解决方案，本身的光源输出画质也很不错，只是由于屏幕技术的限制导致了原有画质无法有效再现。因此，郭博士选择利用基于光子晶体阵列原理设计的微透镜光学薄膜来解决这个问题，既要能够实现量产制备，还要能保证屏幕再现图像的画质，如显示的色彩、清晰度、亮度、对比度均不打折扣，这恰恰是光科全息光子薄膜所要实现的产品化目标。他指出:"除了实现产品化和产业化,还要通过大规模量产来大幅地降低成本,价格上也要比现在市面上的同尺寸大画面显示器更低,这样才能实现光子薄膜材料的推广和广泛应用,真正走入寻常百姓家。"

虽然光子薄膜材料还不能立即取代液晶、OLED 等当前主流显示器占

2018 年 3 月 30 日,日本东京大学石川正俊教授和黄守仁博士到光科全息参观交流

领客厅，但是在橱窗展示等商用大画面信息显示屏应用领域已经初步崭露头角。作为光子薄膜的应用场景之一，它可以显示动态视频，这比静态广告更为生动鲜活，安装设置十分方便，只需要将薄膜简单地贴覆在玻璃窗、玻璃门上即可；而且光子薄膜可以有效降低光源影像光输出、再现过程中的能量损耗，这可以显著降低用户对于投影器材和光源的成本投入；同时作为无源显示屏幕，相比较液晶显示器等主动发光器件，人眼观看起来更为柔和舒适，可以有效缓解视疲劳，保护眼睛；更因为微透镜光学的设计增加了光源输出的能量利用效率，还能大大节省用户的使用能耗。由于具备了这些优点，光子薄膜产品深受商家的喜欢，所以很快就在商用大画面展示领域打开了市场。

2018 年 7 月 19 日，郭滨刚博士在光科全息公司，接受从日本来访的 MBS 每日放送电视台节目组的现场采访

尤其是光子薄膜具有"随心所裁"的显著优点，可以裁剪成任何形状，比如圆形、心形或者五角形。将薄膜裁成圆形，镶嵌在屏风中空的位置，投影出古典山水或动态花卉，既美观大方，又富有科技感。这一特点非常符合特型显示市场的需求。郭滨刚在市场推广中发现，中式家具厂商、高

纽约时间 2018 年 11 月 17 日，在联合国一号大楼外交官会议厅举行的第二届联合国华人艺术设计成就展上，
郭滨刚博士荣获"杰出华人企业家"奖项

档酒店、音乐餐厅、大型卖场都能用得上，而且展示效果非常好。令他倍感欣喜的是，中国市场对新技术的接受程度相当高，对于能够解决人们生活生产痛点的新技术、新产品都能很快产生很大的市场认可度。特别是光电信息显示领域，一线城市的广大市场不必言说，二、三线城市的各个行业也有很大的市场需求。

更有意思的是，光子薄膜的柔性可弯曲、可卷曲的特点使其还可以方便地与机器人、智能家具等新兴产业密切结合，创造出意想不到的特型显示观赏效果。郭滨刚说："现在很多机器人机身上或者头部都需要额外安装液晶平板显示屏，不仅显得外形粗笨不美观，而且可使用的位置也很受限制。光子薄膜可以直接弯曲覆盖在机器人的机身表面或者机器人头部，不仅能实现超高清晰度的显示，还可以实现在机身各个曲面位置自由显示，会带来一种时尚、新颖、奇幻的设计感觉，特别符合机器人形体上的信息显示需求。相同的道理，在智能音箱等各种智能家具上使用光子薄膜显示影像，不仅可以实现家具智能化、信息化，而且能赋予产品更多设计灵感和美感。"

郭滨刚表示："光科全息目前想专注做好自己最专长的产业链上游材料这一领域，专心把基础材料做好后，提供给更多的合作伙伴，因为这是一个巨大的新材料产业，应用众多，我们需要非常多的合作伙伴，大家一起强强携手，各自发挥自己擅长领域的突出创造力，让光子晶体材料和微透镜光子薄膜能够与更多的应用产业密切结合，挖掘出更多的可能性。只有应用场景丰富了，生产规模才能迅速扩大，生产成本才会进一步降低，消费者就能更便宜地用到这一先进的材料技术，形成良好的循环发展态势。"

长期具备科研工作思维的郭滨刚，做事显得非常严谨认真，但在成果产业化过程中，他又展现出作为企业家的务实精神，强调"企业生存""生态共赢"的一些基本原则，这为光科全息迅猛发展提供了强有力的保障。

光科全息在 2018 年中荣登深圳市"潜在独角兽"榜单，并在 2018 年底被人社部评选为"最具成长潜力的留学生创业企业"。而在郭滨刚看来，光科全息目前还只是处于起步阶段，更大的发展则在不久的将来，因为光子晶体、光半导体材料可以应用于超过万亿总规模的多个巨大产业领域，而光科全息掌握了该材料产业化的核心技术，如今已经申请了80多项专利。

【专家眺望】
光子晶体超材料有望开辟一片蓝海

"光子晶体是一种'超材料'，不存在于自然界，而是人工设计、合成的独特复合材料，它具有超常的物理性质。"深圳市光科全息技术有限公司董事长郭滨刚博士说，这种材质与众不同的地方，在于可以形成光的"禁带"，也就是光波动无法存在的部分。"利用这个特点，就可以精确控制光的存在、传输和波动特性，彻底'驯服'光，让它服服帖帖地为人类服务。这就是光子晶体的原理。光子晶体是当前世界各国新材料领域的重点研究方向，未来具有极为广泛的应用价值，它代表着世界新材料技术领域的发展未来。"

光子晶体属于国家战略性新兴产业，"光半导体"暨"超材料"领域，具有极为广阔的应用前景，它能够应用的领域包括但不限于显示产业、光源/照明、光健康/生物光学、传感器、光通信、光芯片、光半导体。所有的这些行业都蕴含着数百亿甚至数千亿美元规模的市场价值，考虑到集群化的产业效应，未来具有总规模超过万亿美元的巨大产业及市场总价值。

柔性显示材料带来的轻奢享受

香港兰桂坊里，用光子屏做的 3D 巨幅玻璃窗灯光秀，不仅画面具有超高分辨率，色彩鲜艳逼真，而且能耗超低；在喜来登五星酒店、易塔音乐餐厅、茶饮会所里，120 英寸至 180 英寸巨幅双面光子薄膜显示屏，为酒店、会所餐厅增色添彩；在深圳燃气集团、少儿图书馆、特警支队展厅，在雄安新区，在陕北习仲勋纪念馆，在赣州的产业园区，一幅幅百英寸乃至数百英寸的激光巨幕光子屏，呈现出十分逼真的炫彩影像，给观赏者们带来震撼的视觉效果。这些都是深圳市光科全息技术有限公司研制的柔性成像薄膜材料所带来的极致画质享受。

在新一代通信技术和智能硬件、网络化智能信息交互技术迅猛发展的今天，信息显示技术作为人机交互的重要载体，在构建万物互联的智能世界中扮演着重要角色，尤其是全新的薄膜化、柔性化、大尺寸化、环境化融入式信息显示技术已经成为人类社会信息显示和信息交互的迫切需要。

过去，我们常常可以在《钢铁侠》《阿凡达》等科幻电影中看到这样的场景——轻轻一挥手，眼前就出现了一块透明显示屏，主角可以直接在显示屏上进行操作，而随着光科全息这类的超材料创业公司出现，将透明和显示融合，将只能在科幻电影中看到的场景，真实地展现在人们眼前。

有了光子薄膜这种材料，人们离大画面的柔性显示梦想更近了一步。郭滨刚说："传统的显示器屏幕，要弯曲、折叠显示，难度非常大。但利用光子薄膜材料，难度就小很多了。而相比大画面时价格昂贵的液晶电视、激光电视，光子薄膜成像技术则给用户提供了物美价廉的选择。"

随着人们对大尺寸显示屏的追求，大画面激光影院和激光电视市场的

2019 年 4 月 24 日，郭滨刚博士在光科全息公司，与来访的国内某知名行业领军企业负责人合影，祝贺双方缔结战略合作关系

迅速发展，此前绝大部分此类产品由国外的 DNP（大日本印刷）公司和韩国企业垄断，零售价格往往达数千乃至近万元，极为昂贵。比如，DNP 的 100 英寸以上的高端菲涅尔光学结构屏幕的价格将近万元，再加上价格数万元的昂贵激光投影设备，过高的产品成本严重制约了大画面激光电视的普及，光科全息推出了针对大画面激光投影应用的 HoloKOOK 超高画质激光影院光子屏产品，既可以降低屏幕采购成本，又可利用高成像光效的光子薄膜大幅降低投影设备采购成本，是未来大画面激光电视和家庭影院系统不可缺少的高端成像核心部件，必将大力助推大画面激光显示市场的爆发，同时带动起激光投影产业和 LED 投影产业的共同发展，在现有的液晶和 OLED 显示技术无力能及的 100 英寸以上的大画面显示市场发挥出绝对主力的作用。

掀起滤除有害蓝光的一场革命

LED 灯因为其优秀的节能、高寿命和高亮度的特点，已经成为市场照明和显示领域的首选设备，成为我们生活中必不可少的器件，不论台灯、室内顶灯等，还是显示类电子产品，诸如电视、手机、平板、电脑等，都应用到 LED 发光器件。LED 灯产生白光的原理是通过蓝光 LED 灯外加荧光粉的方式。整个白光光谱中，蓝光能量占比较高，这样会使得人工白光整体偏冷白光，在视觉上让人看起来亮和白。有些屏幕为了突出自己的亮度视觉效果，不断提高光谱中蓝光的占比，使得屏幕看起来更白和更亮，以此作为营销的手段。随着 LED 灯的广泛普及，对 LED 灯的研究，尤其是对健康方面潜在影响的研究工作也在深入开展。近几年，越来越多的研究发现，长期暴露在 LED 光源中，尤其是直射型屏幕的光源中，如电脑显示器、电视、手机，更容易增加眼睛的疲劳程度，甚至会对视网膜产生不可逆转的损伤。这是由于可见光的波长范围为 380nm—760nm。尤其是其中 380nm—470nm 范围的光，我们的视网膜感知为蓝色，所以称之为短波蓝光。短波蓝光具有较强的能量，这使其可以穿透晶体管到达视网膜，从而对视网膜细胞造成光学损害，加速黄斑区细胞的氧化。但是短波蓝光有害并不等于使用 LED 灯必然导致损伤，损伤与短波蓝光积累的量有关，当积累的量到达一定值时，便会对视网膜造成伤害，且该伤害不可逆转，所

2018 年 7 月 19 日，郭滨刚博士在光科全息公司，
接受从日本来访的 MBS 每日放送电视台节目组的现场采访

以眼睛所受到的"短波蓝光危害"是一种不易察觉的慢性过程。而在我们现代生活中，我们无时无刻不在面对着电脑、手机、电视，这使得我们视网膜受到伤害的概率大大增加，尤其是对于青少年而言。

那么，有没有办法能够减少这种伤害呢？答案是"有"。

光科全息打造的面向专业级应用领域的"HoloKOOK"光子晶体型纳米蓝光防护膜系列产品，针对有害蓝光波段，提供全球最优秀的防护滤除率。"HoloKOOK"系列薄膜则是一种波长可选择型、低能损窄带宽，能反射滤波的一维光子晶体薄膜，经检测能有效滤除 50%—90% 的 435nm—440nm 短波长有害蓝光，其通过合适的工艺制成的防蓝光手机膜、防蓝光眼镜可以有效地防护有害蓝光辐射，保障视力健康。甚至光科全息目前正在做的防止蓝光 LED 芯片，使得电脑、电视、手机等电子产品在出厂时就已经具备阻止有害蓝光出射的能力，并且由于光科全息的技术是反射型、低吸收、低能损的蓝光滤除机理，被反射回去的蓝光还能有效地与荧光粉起作用，转换为其他波长的光，这还可以有效地减少荧光粉的用量，从而降低荧光粉使用成本。

HoloKOOK 光子晶体防蓝光技术可以防止长期受到短波蓝光辐射的视网膜产生自由基导致的光化学损伤，真正有效地把现有市场中尚停留于混乱概念炒作阶段的"光生物安全防护"变为现实的产品技术，真正切实提高了作为产品应用的光生物安全性。光科全息的光子晶体防蓝光技术薄膜也是世界领先的技术产品，对人眼有害蓝光波段的阻隔防护水平和防护率远超过国内现有产品，可以真实有效地大幅降低有害蓝光波段对人眼视网膜的危害，特别适用于中国青少年和儿童的护眼工程。

郭滨刚介绍："'HoloKOOK'光子晶体型纳米蓝光防护膜产品本质上是光子晶体材料应用的一种，实际上，基于不同的纳米结构设计，我们有能力得到任意波长的滤波型器件。不只是滤波器件，针对不同的使用场景，我们可以对材料、结构进行选型、合成和设计，从而设计出具有不同功能的光调制材料。比如，与波长控制相关的材料、偏振控制相关的材料，光开关器件、光逻辑器件、完美吸收装置等，而这些在激光雷达、生物检测、光通信、光计算等方面都有巨大的应用潜力。"

向引领世界的全光芯片技术进军

用光子来承载信息并实现信息的处理和调制具有远超过电子信息数个数量级的超高速度、超强抗干扰、并行处理、超大容量等突出优势。实现对光子加载信息的准确调制，意义非凡。

郭滨刚指出："如果现在的 IC 芯片里承载信息的不是电子，而是光子，整个 IC 的运算性能指标的量级都能上数个台阶。光计算机一直是世界各国科学界重点关注的前沿课题。"

光子晶体是一种超材料，是当前世界各国新材料领域的重点研究方向，未来具有广泛的应用价值，它代表着世界材料产业的发展未来。这种材料是由周期性排列的不同折射率的介质制造的规则光学结构，此结构会产生光子禁带，频率落入其中的光波不能传播。这一性质使得在微纳米尺度上调控光的传播成为可能。这种影响类似于半导体对于电子行为的影响，由半导体在电子工业方面的应用，人们推想可以通过光子晶体制造的器件来控制光子从而实现光信息处理，例如，制造光子计算机。目前，可通过真空镀膜技术获得一维结构的光子晶体，通过自组装、光刻、电子束刻蚀等技术获得二维和三维结构的光子晶体。当前各国的光子晶体材料研究工作多数仍处于实验室研究开发阶段，真正能进入市场的光子晶体材料的产品极为稀少。

　　郭滨刚归国后的研发工作主要是集中于探索纳米尺度的光子晶体结构

郭滨刚博士在光科全息公司实验室，与研究员一起进行薄膜光学特性的分析实验

的实现方法和对该类型微观构造的特性表征，以及未来如何将该技术成功应用于光调制和光通信技术。他介绍说："我们 2018 年已经在实验室里研制出了全光二极管，未来有了全光晶体管和全光二极管开关器件之后，可以搭建起真正的可编程全光处理器的计算机体系，实现全光计算架构，最终实现全光芯片，当然，这还有很长的路要走。"

他介绍，5G 时代之后的信息处理芯片是否还能一直使用电子器件体系来支撑和满足人类社会不断高速增长的大数据信息处理需求？研究人员们已经看到了电子器件体系的信息处理能力接近上限，IC 领域的摩尔定律已经临近失效，而由于光子携带信息与处理信息的能力是电子器件的千倍以上，于是科学家们提出了用光子信息材料来支撑信息设备，这就需要解决光信息处理架构、光逻辑运算和光芯片制造等一系列的技术难题，待这些问题都解决了，光子材料届时便能替代电子信息处理器件，成为支撑人类信息社会持续发展的下一代信息材料。如今，IBM、Intel 都推出了先进的硅光子芯片技术，这是在本质上还属于电光混合架构的芯片，电子器件部分负责处理和运算，光则用来实现信息的高效传输，但在必需的信号光电 /电光转换之时仍会较多地降低芯片处理效率以及产生延时和能耗。最终，相信人类一定会研制出全光处理芯片，这是未来的方向。

郭滨刚博士详细介绍了全光芯片的研究进展。他说："全光芯片，顾名思义，是以光代替电作为信息传输的载体，将光信号传输、储存、逻辑运算和处理、传感等器件微型化，并集成到一个微型半导体晶圆表面，实现与电子芯片类似的光信号接收处理功能。受制于摩尔定律，电子芯片的潜力已挖掘殆尽。与电子芯片相比，以光代替电作为信息传输的载体，能进一步缩小芯片尺寸，减少能耗，提升信号传输、运算处理的速率和存储密度，是一项面向未来的颠覆性、战略性和前瞻性技术。其应用不限于光通信、生物医疗传感、国防、交通运输等领域。"

以光通信产业为例，根据工信部发布的《中国光电子器件产业技术发展路线图（2018—2022 年）》报告，2016 年全球光通信器件产业的市场规模达到 96 亿美元，并始终保持着快速增长的趋势，预期到 2020 年全球市场规模将进一步增长到 166 亿美元，年复合增长率达到 14.7%。中国的光通信器件的市场规模在近年来保持着与全球同步的增速趋势，占全球 25% —30% 的市场份额；而其中光芯片是核心部件。目前国内的高端芯片器件严重依赖进口，自给能力有限。故发展光芯片、补齐上游短板是国家发展光通信的重大战略需求。

光科全息以发展面向未来的光芯片为目标，对全光晶体管、光子晶体逻辑器件开展了研究。第一项研究工作是研发全光晶体管，全光晶体管是实现信号滤波整流、光信号逻辑处理、频率转换的基础开关器件，是构成光芯片的基础结构器件之一。光科全息研发人员通过理论仿真，对不同结构的一维和二维光子晶体的能带结构进行了模拟，获得了大量不同结构光子晶体的光学能带结构的数据，并通过引入缺陷，模拟设计出了光子晶体光开关，同时还利用自行制作的光子晶体薄膜材料制作出了光子晶体全光二极管的基础架构，并在此基础上完善了全光晶体管的试验架构。

光科全息研发部的丁博士介绍，一维光子晶体，通过材料折射率在空间的周期性变化而成，通常采取一种层状结构。沿着折射率变化的方向，存在光子晶体禁带，而在其他方向光则可以自由传播。运用这一特性，能设计滤波及偏振相关的光学器件。二维光子晶体的折射率沿空间两个方向周期性变化，如在平板结构上打周期性变化的孔阵列，最典型的如蜂窝状结构。光科全息研究人员运用有限差分时域（FDTD）方法，对不同折射率空间排布和结构尺寸的半导体材料二维光子晶体的能带结构进行了模拟，获得了大量二维光子晶体的光学性能数据，对后续运用光子晶体结构设计光子芯片器件打下基础。光子晶体禁带可用作控制光波传输的波导结构，再结合诸如非线性光学效应、相位调制等方法，能设计出基本门器件。当两个输入端的相位相同时，输出端有信号输出；而当两个输入端的相位差为 180° 时，无信号输出。另一方面，研究人员成功模拟了利用非线性光学晶体构建的具有一维缺陷的二维光子晶体，利用电场调节光波输出的结构设计。上述两个结构能实现对信号的瞬时调节作用，同时光子晶体禁带的存在能保证信号的偏振和强度没有变化。

郭滨刚指出，对光子晶体结构的模拟，已经证实了二维光子晶体结构对光路调制的可行性，下一步的研究计划，一方面是光子晶体结构器件的实体化，即通过光科全息和深圳大学的校企联合实验室的仪器，加工制作出具有二维光子晶体结构的微型器件，测试并优化器件的性能；另一方面利用全光二极管，设计能进行基础逻辑运算的光路。同时，不断探索诸如光子晶体在光学微腔、LED 偏振光源等方面的应用，为设计光芯片中的不同功能的器件及其集成做基础。

迄今为止，国际上很多科学家提出了基于光子晶体的光子学器件，包括无阈值的激光器、无损耗的反射镜和弯曲光路、高品质的光学微腔、波长分辨率极高而体积极小的超棱镜等。光子晶体的出现使得信息处理技术的"全光子化"和光子技术的微型化与集成化成为可能，它可能在未来导致人类信息技术的一次革命，其影响可能与当年电子半导体技术的出现相提并论。光子晶体的未来充满光明，光科全息团队正是看见了这一未来曙光的追梦人，他们站在潮头努力搏击，希望为中国的光子晶体超材料产业做出杰出贡献。

06 德厚科技：
纳米功能材料的创新者

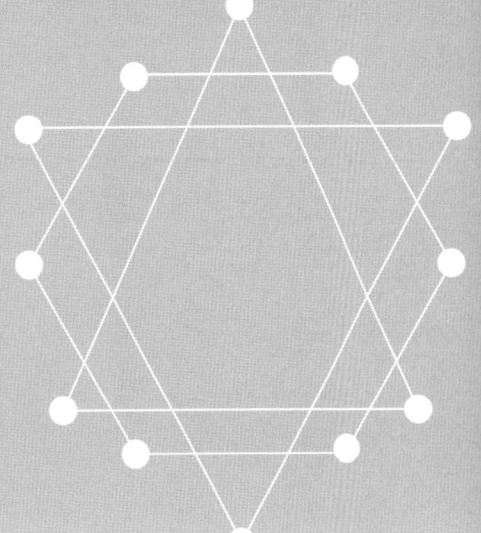

粤港澳大湾区战略性新兴产业研究

德厚科技

深圳市德厚科技有限公司（简称"德厚科技"）成立于2008年8月，注册资本金1475.37万元，是一家致力于节能、健康、环保纳米功能复合材料研发、生产、推广与产业链融合的国家级高新技术企业。公司技术团队由国内外顶尖的科研院所和公司创始技术团队的优秀人才组成，具备强大的应用技术研发能力，是公司不断创新的动力来源。

2009年11月，德厚科技荣获中国首届（深圳）创新创业大赛企业创新组二等奖。2010年3月，德厚科技自主研发项目"隔热玻璃涂料"入选深圳市重大项目。2010年5月，德厚科技主编制订了《隔热涂膜玻璃》GB/T29501-2013国家标准。2009年纳米水性淋涂技术正式推广应用，2010年产业化应用工艺及施工设备创造了行业先锋，2016年1月获得深圳市政府股权投资1000万元。2016年参与编制中国国家建筑标准设计《建筑节能门窗》图集，2017年参与编制湖南省《工程建设设计标准》设计图集。截至2018年，德厚科技申请国家专利19项，获得授权的有7项，其中发明专利5项。

通过多年的研发积累，公司掌握了透明隔热材料多项前沿科技成果，研发出了新一代具有独立知识产权的"佳易德"（CAYED）牌透明隔热系列材料产品，产品通过国家建筑材料检测认证中心全面综合检测，功能与性价比超过了国际同类产品，彻底解决了纳米透明隔热材料在核心技术应用中的难题。公司研制的透明隔热玻璃涂料、新型改性隔热PC阳光板、隔热夹胶玻璃、本体隔热玻璃不仅符合国家节能减排的政策要求，也极大地满足了市场对节能产品的刚性需求，做到了防晒、健康、节能、耐用。

【创业历程】
林俊君：离开"舒适区"的创业勇士

　　2019年初夏的一个周末，在深圳市南山区深圳市德厚科技有限公司办公室里，董事长林俊君还在加班，因为最新研制成功的本体隔热玻璃面临供不应求的局面，他为产能、资金等事情仍在运筹帷幄。这是一位企业家正常的状态，在创新道路上不断地开拓、奋斗，永远不知道疲倦。

　　鲜有人知的是，在十多年前，林俊君还是一名在国有企业里"朝九晚五"的上班族，享受着稳定的待遇和安逸生活。就是这样一位离开"舒适区"的创业勇士，带领团队研发出佳易德透明隔热玻璃涂料，成功解决了玻璃透明和隔热在核心技术应用中的难题，被住房和城乡建设部指定为"建筑玻璃用隔热涂料"行业标准和"涂膜隔热玻璃"国家标准编制和制订单位。

　　从安逸的生活到折腾的创业生涯，他走过怎样一段不平凡的心路历程呢？

舍弃安逸生活下海创业

2002 年，林俊君大学毕业后，被分配到广东省电力工业局，负责线路维护等工作，后来被调到深圳市电力工业局，从事技术工作 6 年。这份工作当时还算是"金饭碗"，在电力工业局做工程师的工作很吃香，工作稳定，工资也高。

后来，由于机缘巧合，林俊君接触到了隔热涂料这种新材料，以合伙人身份进入了这个项目。林俊君回忆道，2008 年恰好遇到南方电网国企改制，一部分人员要分流，当时他投资的项目进展并不顺利，他就毅然辞职下海；同年 8 月，他在深圳南山大学城创业园创办深圳市德厚科技有限

林俊君近照

公司，致力于透明隔热涂料的研发和产业化。

林俊君很快就适应了创业者的生活方式。他说："创业之后，从甲方瞬间变成乙方，过去是别人求着我给方便，现在是我求别人给订单，这样的身份转化心理上肯定有落差，创业者如果不能抛下过去的身份和光环，创业就很难成功。稳定职业者创业的第一步是心态归零，放下身段、架子和面子。"

创业过程中，林俊君也慢慢体会到常人想象不到的成就感。门窗幕墙成为建筑的"泄能口"。在现代建筑中，为使建筑更加通透明亮，建筑立面更加美观，建筑形态更为丰富，追求大面积采光的玻璃设计成为潮流。如何在建筑节能设计中，处理好采光效果与太阳能辐射的矛盾，减少热传递，成为建筑节能设计的重要领域。能否开发一种产品可对光谱做出选择性通过呢？

林俊君激动地说："我找到深圳大学化学与化工学院的教授，委托其开发透明隔热涂料，这种涂料可以减少建筑物的热传递，达到很好的节能效果。经过半年多夜以继日的开发研究，终于研制出了隔热涂料新产品。我喜出望外，虽然从投资人变成了一家凡事需要亲力亲为的小微企业负责人，但是我感觉到节能环保材料的研发是一个可以从事一辈子的事业，毕竟能造福人类啊！"

林俊君满怀着创业的喜悦，一头扎进深不见底的装修市场，没想到很快就"呛了一大口水"。

2008年下半年，龙岗平湖一个地产项目需要上马隔热涂膜玻璃，林俊君立即参与进去，工程结束了，验收却无法通过，几十万元货款也收不回来。他冷静反思，才发现当时隔热玻璃根本没有行业标准，如果用传统的节能玻璃标准来对工程进行验收，肯定是通过不了的。就这样，刚创业第一年，就因为盲目抢市场而交了一大笔"学费"。

林俊君深刻反省自己当年所犯的错误："隔热涂膜玻璃材料属于新材料，新材料不是刚性需求，是迭代产品，因此新材料产业需要政府主导，需要尽快出台新材料相关行业标准、国家标准，这样才有可能迅速打开市场。"他开始琢磨申请专利、参与行业和国家标准的制订工作。

除了在市场开拓中要交这些"学费"，企业经营还需要面对很多意想不到的困难。因为创业者永远不知道明天会发生什么事情，每天都在解决不同的问题，有可能是核心员工离职，有可能是客户拒绝付款，也有可能是银行拒绝授信，这些困难都是企业天天要面对的。当身处"舒适区"的时候，生活状态非常稳定，根本不存在这些挑战，因为有自己的单位领导去解决麻烦，一旦走上创业征途就要亲力亲为，必须大胆地跨越各种阻碍，

自动化涂膜生产线

将创业坚持下去。

林俊君坦诚地说，德厚科技 2013 年出现过合伙人退股的情况，林俊君做通家人工作，果断卖掉在深圳的住房，采取回购股权，满足合伙人退出要求，这才让德厚科技能够持续经营至今。当年企业在凄风苦雨中煎熬，如今说起来已是风轻云淡，创业者坚韧不拔的精神就体现在这些故事里。

"深创赛" 胜出获得天使投资

2008 年，德厚科技与深圳大学签订了长期的研发合作协议，致力于纳米透明隔热玻璃涂料的研制与产业化，重点对纳米透明隔热玻璃涂料的制备及应用技术进行研究。研发团队的主要成员亦是公司股东，真正实现了"产学研"一体化的战略发展目标。德厚科技依托强大的专业研发团队，在同行业具有技术领先优势，产品的质量及性能将不断创新。

截至 2009 年底，德厚科技已申请聚氨酯 BTO 透明隔热涂料及其制备方法、醇酸树脂玻璃隔热涂料及其制备方法、一种基于纳米光谱选择性氧化物复合浆料的透明隔热涂料、一种氧化锡铋水性光谱选择性纳米涂料及其制备方法、一种玻璃涂膜装置等 5 项专利和"德厚科技"、"佳德涂料"玻璃隔热涂料以及"佳易德"隔热玻璃 3 个注册商标。

新产品研制出来了，企业需要更多资金去开拓市场，推广应用。2009年底，一个非常难得的机遇摆在林俊君的面前。那就是首届中国（深圳）创新创业大赛（以下简称"深创赛"）在当年 11 月拉开帷幕，创业才一年的林俊君勇敢报名参赛，将纳米透明隔热玻璃涂料带到了赛场，给评委们展示这一神奇的纳米功能材料。它是一种全透明、高硬度、隔热保温的液体材料，施工快捷简单，涂膜无毒、具有特强的渗透力，可永久性附着在玻璃表面，是普通玻璃节能升级与达标的最佳途径选择，可广泛应用于建筑玻璃、汽车玻璃、火车玻璃的透明、隔热、保温与节能。

在项目路演环节，林俊君流畅地介绍这一新型纳米材料的特性："纳米透明隔热玻璃涂料对太阳光具有良好的光谱选择性，且尺寸在 1nm—50nm 之间，即该涂料对可见光具有良好的通透性，对近红外和紫外线具

2015 年 11 月，第十七届高交会上林俊君接受中央电视台记者采访

有反射、阻隔或吸收作用。将该涂料涂覆在建筑玻璃上，阻隔热量，不影响室内的采光，节省冷暖空调和照明费用，达到节能的效果。同时，阻隔紫外线的透过，可以保护室内的家具和延长室内装饰老化时间。"他的讲述深深吸引了现场的评委们，在路演环节就获得了高分。

林俊君用欢快的语气说："我们奇迹般地获得深创赛企业创新组二等奖，而且获得'深圳市创赛一号'基金的200万元天使投资。"第一次出战创业大赛满载而归，更坚定了他在节能环保新材料领域继续走下去的信心。

就在创业一年多时间后，林俊君参赛获奖，并获得投资，顺风顺水地一路走来。无疑，他是非常幸运的。

隔热纳米材料走俏高交会

然而，更幸运的事情还在后面。

一种新产品，要顺利打开市场，需要花费大量金钱去打响知名度，树立品牌；而一种新材料要获得消费者认可，打开更广阔的应用市场，其过程则更是漫长。但林俊君创业初期借助参展高交会，迅速获得人们的关注和好评，隔热玻璃涂料成了第十二届高交会上的"网红产品"，迅速获得市场的青睐。

2010年11月17日，高交会1号展馆中一块看似寻常的透明玻璃，吸引了来自北京、大连、香港等地业内外人士，以及沙特、伊朗、以色列等地海外宾朋，原来其上涂了一层全透明、高硬度、超强隔热保温的纳米材料。德厚科技展台前观众如织，这说明市场对隔热纳米材料的火热期待。

林俊君说："高交会上一炮打响，证明我选择这个方向创业是对的，在市场上有需求、有价值，得到了大家的认可，我真是非常兴奋！"

"经国家建筑材料检测认证中心检测，该透明涂层厚度仅为 7—9 μm，具有光谱选择性和稳定性，可屏蔽 99% 以上的紫外线，使被晒物体温差达到 10℃以上，使室内温差达到 3—6℃，辐射节能高达 25%—30%。"林

2017 年 11 月，第十九届高交会上林俊君接受中央电视台记者采访

俊君面对深圳电视台等媒体记者自豪地介绍，"今年3月，我们自主研发项目隔热玻璃涂料入选深圳市重大项目，我们的纳米材料已经应用于东部华侨城、深圳麒麟山庄、南山区政府大楼、香港博物馆、莲花山大厦等场所玻璃的隔热节能改造，发挥了良好的隔热节能效果。"

此后，罗湖边检大楼2万多平方米的玻璃幕墙，采用了德厚科技的隔热涂膜玻璃，实现了较好的隔热节能效果；大运会场馆也采用了这一款隔热涂膜玻璃。全国各地的订单纷至沓来，德厚科技的节能材料技术服务着成百上千栋高楼大厦。

市场打开后，各种荣誉也接踵而来。德厚科技获得2012年"中国中小企业优秀创新成果企业"和2014年"中国中小企业创新100强"的荣誉称号。

不断创新获得政府股权投资

林俊君进入了节能建筑材料领域，才发现还有更大的市场需求等待他用更新的产品去满足。

他介绍道："目前，玻璃反射膜和吸收膜的形成需要特殊的工艺和设备，而且许多是与玻璃的形成同步进行的，造成工艺条件难以控制、设备投资大、成本高、难于大面积推广，而且对太阳光只是单向调节，无法实现双向智能调节，在我国北方无法真正实现'冬暖夏凉'。为了解决上述问题，化学及材料学家们采取了各种措施来解决玻璃的控温问题，以降低空调负

2011 年 8 月，窗膜与涂膜玻璃协调专业委员会成立预备会成功召开

荷，实现节能的目的。随着材料科学和纳米技术的快速发展，人们希望能开发一种具有智能调节能力的玻璃，它能根据环境温度、日照强度等情况自动调节玻璃的光学性能：当室内温度偏低时，能让太阳光适量进入室内，以提高室内温度；当室温偏高时，又能屏蔽全部或部分太阳光，起到阻热的效果，从而实现对室内温度的智能化控制。具有这种自动相变技术的材料是二氧化钒，应用了这种材料的玻璃，人们称之为'智能玻璃'。但至

今为止，能在建筑界大规模应用的智能型节能玻璃尚未开发成功。一旦智能玻璃开发成功并能获得广泛应用，可立即在世界乃至整个建筑行业中产生巨大影响，并完全可能成为未来新产业的增长点，市场潜力巨大。"

林俊君发现了这个巨大的空白点，然后找到中国科学院相关的材料专家，寻求技术合作，共同开发更高效的智能玻璃。2015 年，林俊君与中科院新材料领域研究员一起合作研发低碳节能智能控温涂膜玻璃，这项研发成果具有极高的应用价值和广阔的市场前景，将该涂料涂覆于建筑玻璃、汽车玻璃、轮船、火车或者飞机等玻璃表面，既不会影响采光，又可以显著降低冷暖空调负荷，达到智能控温的目的，这对缓解能源危机和维持社会的可持续发展具有重要的意义。

2016 年 1 月，林俊君以"智能控温涂膜玻璃项目"向深圳市科技创新委申报股权融资，经过专家组的严格评审、股权和财务评估，深圳市政府同意股权投资德厚科技 1000 万元，占股 18.1%，支持这一节能环保新材料产业化的进程。

林俊君微笑着说："这笔投资表示深圳市政府不遗余力地支持节能新材料的产业化。我们不辱使命，这一年多时间里，研发团队将智能控温涂膜技术进一步创新，开发出隔热 PVB、PC 隔热母粒、隔热阳光板等多种产品形态，申报了 3 项发明专利；我们研制的新能源汽车轻量化车窗进入试用阶段。"

其中，隔热夹胶玻璃也是德厚科技近年推出的新产品。高空使用时，夹胶玻璃可以避免钢化玻璃碎后下落形成的"颗粒雨"现象，防止对人体造成伤害，夹胶玻璃还具有对声波的阻拦作用，能有效地抑制噪声的传播，同时，德厚科技研制的隔热夹胶玻璃具备强大的隔热保温及防紫外线辐射功能，能够隔绝 99% 以上的紫外线，还能阻隔 90% 以上的太阳红外线辐射，能够明显降低建筑物的制冷采暖能耗。

截至 2018 年底，德厚科技一共申请了国家专利 19 项，其中 7 项已获得授权。深圳湾一号、嘉里建设广场、中信红树湾、北大汇丰商学院等深圳知名的大厦，因为装上了透明隔热材料能够更节省电能。2017 年在深圳光明新区（今光明区）建设的易方大厦幕墙玻璃采用了隔热涂膜玻璃，该大厦被认定为绿色建筑，凸显了该行业在应用市场上迈出了成熟的第一步。

林俊君说："当看到这些产品能应用到各种节能领域中，特别是在应用领域里拿到了授权的 5 项发明专利，我甚感欣慰。让大家享受产品的便捷性和舒适性的同时，还可以节省电能，我就会由衷地欢喜，作为地球村的一员，我自认为所做的环保节能事业远远不够，仍需继续努力！"

【专家眺望】
本体隔热玻璃应用前景广阔

如果能在玻璃原料里添加一种纳米功能材料，就可以把玻璃直接变成隔热玻璃，这样就不会有金属膜层功能性衰退的弊病，那该多好！这是林俊君的一个梦想，没想到的是，就在 2018 年春天，他终于梦想成真，他率领的一支海归研发团队实现了技术突破，完成了本体隔热玻璃的研发，而这一技术属于国际领先，市场应用前景非常广阔。

本体隔热玻璃横空出世

本体隔热玻璃是利用现有成熟的浮法玻璃生产工艺技术，经过科学改进传统的硅酸盐浮法玻璃的配方技术，在玻璃原料里添加有特殊光筛效应的稳态混合氧化物纳米陶瓷新配方材料，采用纳米陶瓷分散悬浮技术，熔

2016 年 11 月，中国建筑材料联合会会长乔龙德参观德厚科技公司

化制备出来的具备高透光隔热隔紫外功能的隔热浮法玻璃。

高透光隔热隔紫外节能玻璃技术利用光化学和光物理学中的可逆变原理，在有效吸收紫外线的同时又吸收了近红外线，并对可见光留出了大部分放行的通道，从而实现了对太阳光选择性和控制性的光谱吸收。这一技术属于世界首创，有三个突出优点：一是直接将阻隔紫外线、红外线的阻隔剂添加在普通浮法玻璃中，可以制成具有高透光隔热隔紫外功能的隔热浮法玻璃；二是提升可见光的透过率；三是提高稳定性，长期使用不变色、不衰减，不改变原玻璃的光学性能。德厚科技低遮阳高光热比本体隔热玻璃是一种本体着色平板玻璃，可广泛应用于建筑及交通工具玻璃市场。该产品在把90%以上产生热量的近红外线阻隔的同时，保持可见光透过率在70%以上，遮阳系数是0.56，光热比大于1.37，可见光反射比7.6%，比传统镀膜玻璃下降42.5%，没有光污染，隔热效果较传统隔热玻璃提升40%。

一项新技术从实验室走向成熟产品必然要经过千难万险，即使是从中试阶段开始，也需要巨大的资金投入。林俊君2016年初开始引进海外技术团队，2017年初在云南一家玻璃生产厂做中试试验，第一次花费近2000万元，却没有成功。后来再次改进工艺，终于于2017年在云南的一条日产630吨浮法玻璃生产线上完成本体隔热玻璃成品工业化生产。

林俊君介绍，该产品于2017年12月由中国建筑材料联合会、中国建筑玻璃与工业玻璃协会鉴定评估，鉴定结果认为该产品达到了国际先进水平，且已有多项工程使用案例，同时还创新性地应用于小型电动篷车，市场反应良好，本体隔热技术产品的应用已经基本成熟。凭借其高性价比、不用镀膜可单片使用、隔热效果永不衰退的性能优势，家装门窗及汽车玻璃应用市场，对于低遮阳高光热比隔热玻璃而言是一片蓝海，没有真正意义上的竞品存在，德厚科技的这一新型节能玻璃产品在该领域具有不可替代性。

技术团队实力雄厚

突破性技术的成功研发，肯定离不开一流的人才队伍。德厚科技拥有一支实力颇强的技术团队，成员组成多样化，专业结构分布合理，成员均具有实际生产科技开发的承担和参与能力。

研发项目组中的金平实教授，是德厚科技特邀首席科学家，日本名古屋工业大学材料科学硕士学位、电信工程博士学位、日本通产省工业技术院主任研究员、瑞典林雪平大学物理学院客座研究员、中科院广州能源研究所特聘首席科学家、中科院上海硅酸盐研究所研究中心主任；2014 年 1 月至今担任深圳市德厚科技有限公司特殊材料技术带头人。金教授是国家外专局日籍专家，截至目前，金平实教授在日本共申请有关日美专利 38 项，授权 18 项，占日本的 70% 以上；国内申请 49 项，授权 10 余项，其关于温控节能纳米及薄膜材料领域国际杂志发表论文数个体排名和国内外专利授权数均名列世界第一。

林俊君透露，除了这些海归人才，国内外研发机构和著名高校对本体隔热玻璃项目的研究也给予了全力支持，德厚科技现在已经具备将其转化为实际生产应用的能力。2018 年，德厚科技第一批生产的 15000 吨本体隔热玻璃（约 131.2 万平方米）已全部售出，该产品已有多个应用工程案例。

对标"洋品牌"性价比更高

为何市场上对德厚科技的本体隔热玻璃很青睐呢？原来，以往在我国长江以南、东南亚、中东及非洲等地区，要实现玻璃隔热，只能依托于双银或三银 Low-E 镀膜产品。但这个解决方案并不完美，主要存在问题有：首先是造价高，镀膜易氧化变黑，无法单片使用，必须做中空腔；其次，隔热效果衰减，镀膜层隔热效果每年以 7%—20% 的速度衰减，而低遮阳高光热比本体隔热玻璃的隔热效果永不衰减；再次是难以散热。Low-E 镀膜对于远红外线反射，因此室内机电设备及人体散发的热量难以通过玻璃向外辐射散热，而德厚科技研制的低遮阳高光热比隔热玻璃只针对近、中红外线阻隔热量。

目前在世界范围内，能做到在玻璃本体上实现红外阳隔率大于 90%，同时可见光透过率大于 70%，光热比 1.37 以上的只有德厚科技和美国 PPG 公司。相较美国 PPG 的技术，德厚技术无须新建生产线，可直接应用于传统浮法玻璃生产线，同时配方原料更经济，综合成本只有 PPG 公司的一半，具备较大的性价比优势。相较目前主流节能玻璃产品 Low-E 镀膜，德厚科技本体隔热玻璃无须二次深加工，成本更低；同时，本体隔热玻璃的节能隔热效果是永久存在的，不存在 Low-E 玻璃面临的金属膜层功能性衰退问题。

林俊君介绍，与美国企业垄断的同类产品相比，德厚科技本体隔热玻璃无须新建生产线，在传统玻璃企业的窑炉中添加复合材料即可生产，极大降低了生产成本，突破了工艺瓶颈，是国内外玻璃技术的一大创新。该产品隔热性能稳定，性能不会衰减，是原有 Low-E 玻璃的替代产品，可广泛应用于建筑幕墙、门窗、汽车等多个领域。根据不同的地域气候特点及节能要求，既可以单独单片使用，又可以组合为中空玻璃，同时还可以以该产品为基片镀单银 Low-E 膜，以更低的成本满足更高的节能要求。"如果在长江以南地区，不需要隔音的地方，使用一片本体隔热玻璃，不用贴膜就能阻隔 90% 的红外线热量，同时还不影响采光。单片的本体隔热玻璃就可以满足现有的节能建筑规范中的遮阳要求，这样不仅让建筑物节能环保，还能减少建筑物玻璃的重量和成本，本体隔热玻璃的应用前景非常广阔。"

林俊君表示，目前本体隔热玻璃才推向市场，汽车 4S 店、建筑设计院等绝大多数社会机构都还没有改变原来的传统思维，所以在改变消费者消费习惯方面还有一段路要走，如果社会大众对本体隔热玻璃有了更多的了解，那么市场需求就会爆炸式增长。未来，国家相关节能环保政策的颁布和有关节能标准的落实，建筑业、汽车、高铁轨道交通的迅速发展，以及人们对住宅舒适度的更高要求，会更加刺激本体隔热玻璃需求量的增长，相信该产品在建筑及汽车市场潜力巨大，发展前景广阔。

大湾区新材料产业位居"领头羊"地位

粤港澳大湾区是新材料生产重镇，也是新材料需求沃土，发展新材料产业对促进经济增长和可持续发展具有重要意义。未来，大湾区的新材料产业要通过产学研合作进一步夯实国内"领头羊"地位。

深圳和广州积极布局新材料产业

中国百强研究院 2019 年 1 月发布《中国新材料产业分析报告》，指出深圳新材料产业领域"黑马"频出，大批创新型中小企业覆盖众多领域，在全国新材料产业发展中，"领头羊"的地位日渐显露。目前，深圳在电子信息材料、新能源材料、生物材料、功能材料等方面具有一定优势。

中国百强研究院指出，2017 年深圳新材料产业规模达 1968 亿元，预计到 2020 年深圳新材料产业规模将达 2950 亿元。这份研究报告指出，深圳将在新材料支撑领域（电子信息材料、新能源材料、生物材料）、优势领域（新型功能材料、结构功能一体化材料）、新兴领域（超材料、纳米材料、超导材料等）重点支持研发及产业化项目。

深圳新型功能材料产业规模较大，电子信息材料、结构功能一体化材料、新能源材料依托深圳良好的产业基础稳步发展，生物材料、纳米材料产业虽然规模较小，但拥有高附加值。

从区域分布来看，深圳市南山区是高科技产业重镇，2017 年南山区内共有新材料企业 525 家；先进储能材料国家工程中心、新型储能系统技术公共技术服务平台相继落户南山。发展较好的新材料领域包括特种玻璃、平板显示材料、新能源材料、高分子材料、医疗器械材料、生物材料、特种光纤光缆等。代表性企业包括星源材质、新纶科技、清溢光电、昊天龙邦、拓日新能源、德方纳米、深圳光启高等理工研究院等。

深圳市宝安区十分重视新材料产业，截至 2017 年底宝安区新材料企业超过 1052 家，其中产值过亿元的企业 29 家。拥有新材料领域市级工程技术研究开发中心 12 个、公共技术服务平台 6 个，具有自主知识产权的新材料相关专利 3628 件。[1] 发展较好的新材料领域包括电子信息材料、先进高分子材料、新能源材料等。龙岗区是深圳市的工业大区和产业强区，培育了比亚迪、富士康、信义玻璃、通产丽星、维达力等一批具有核心竞争力和世界知名品牌的新材料企业，区内二次电池产业产值占全市 80％以上。

作为粤港澳大湾区的中心城市之一的广州，在新材料领域有很好的基础也有巨大机遇。根据《广州制造 2025 战略规划》，广州将重点发展

1　百强观察：2018 年深圳市新材料产业报告．【EB/OL】．http://www.360doc28.net/wxarticlenew/805950631.html.

和布局先进高分子材料、先进无机非金属材料、先进金属材料三大类新材料。到 2020 年，广州将建立起较为完善的产业研发创新体系，新材料与精细化工产业高端化、品牌化取得明显成效，总产值超过 4200 亿元；到 2025 年，质量、品牌效益进一步提升，实现总产值 6100 亿元，建成国内一流的新材料与精细化工产业基地。

大湾区科研院校努力夯实基础研究

2017 年 4 月，香港《大公报》报道了一则新闻：香港理工大学机械工程学系研发出最新半导体纳米纤维 TZBG，大幅提升传导性能，在第 45 届日内瓦国际发明展中获颁"评判特别嘉许金奖"。这一新材料可用于净化空气及消毒的光触媒物质，可制成挂坠佩戴，犹如"随身空气净化机"，防止大肠杆菌侵入，亦令净化效率比现今技术高十倍，成本却低逾九成。

2018 年 1 月，香港创新科技署正式批复中国香港科学家石墨烯研发团队的资助计划，支持其在石墨烯制造技术领域的突破与科技转化。该研发团队 2017 年参加在南京举办的中国国际石墨烯创新大会，在会议期间首次向国内外全面介绍和推广具有自主知识产权的采用"多相量子自耦反应法"制备石墨烯技术成果，并被大会授予"石墨烯应用展区"金奖。该团队计划在 3 年内扩大应用新技术的生产，打造香港高新材料产业内的"石墨烯龙头"。

2018 年 5 月 31 日，香港大学宣布，该校工程学院机械工程系物料科学及工程讲座教授颜庆云率领的研究团队研发出一种全新材料"氢氧化镍"，能以相对低强度的可见光驱动，可应用于机器人、人体辅助装置和医疗装置。过去光驱动的材料并不多，即使有也是生产成本高昂而难以在机器人、人体辅助装置中的人工肌肉、微创手术和诊断工具等当中应用。这款新材料只需要相对低强度的可见光驱动，便能产生相当于哺乳类动物骨骼肌肉的力量和速度。"氢氧化镍"将有机会应用于未来研发微型机器人、救灾等。

…………

从香港科研人员推出一系列新材料科研成果可以看出香港拥有一流的大学，在国际化创新人才培养和新材料基础研究方面走在全国前列，也为粤港澳大湾区新材料产业发展提供了强有力的支撑。与香港毗邻的深圳，近年来也加大对新材料产业基础研究的布局。

深圳先进电子材料国际创新研究院（筹）（以下简称"电子材料院"）2019年5月在中国科学院深圳先进技术研究院（以下简称"深圳先进院"）揭牌。电子材料院由深圳先进院独立发起，选址宝安区，并与宝安区人民政府合作共建。该研究院的建设，将为深圳新材料产业增加一支实力雄厚的"国家队"，是深圳市在先进电子材料发展过程中的又一里程碑事件。目前，中国集成电路产业发展非常迫切，在这样的特殊环境下，成立电子材料院具有特殊的意义，建设的宗旨就是从源头创新上发力，填补国内外高端电子材料领域的空白，在国际创新竞争中脱颖而出。

深圳先进院研究员孙蓉担任深圳先进电子材料国际创新研究院院长。孙蓉介绍，在未来五年的建设期内，电子材料院聚焦电子封装材料研究与应用，建立一流的团队、一流的平台，积累一流的技术。将针对我国集成电路及深圳市等区域相关产业的发展现状，以先进电子材料在器件（芯片及模组）中的电学、热学、力学等基础科学问题为核心，以终端先进电子材料需求为牵引，采用研究院＋联盟的创新运作模式，通过实现部分"卡脖子"关键电子材料产业"突围"，探索可长期发展的国产高端电子材料产业化道路。

　　2019 年 5 月中旬，哈工大（深圳）组织举办了首届哈工大（深圳）-港澳高校材料学科教学科研论坛。来自哈尔滨工业大学、香港科技大学、香港城市大学、香港大学、香港中文大学、澳门大学、中山大学、华南理工大学、南方科技大学、中国科学院深圳先进技术研究院等粤港澳高校和研究机构的近百名青年骨干教师和学生代表同聚哈工大（深圳），共谋新时代背景下新材料学科的新发展路径。哈工大（深圳）组建了"材料基因工程"等代表性团队，初步形成了"大师+团队"的师资队伍格局。同时，该学院还建立了 2 个国家级重点实验室、2 个省部级重点实验室、6 个市级平台及 3 个校级平台，下一步将全面链接全球科技资源，建设国际一流材料科学研究基地。

先进电子材料要在深圳实现"突围"

　　当前在新一轮科技革命和产业变革大势下，全球新材料产业格局发生重大调整。新材料与信息、能源、生物等高技术加速融合，互联网＋、材料基因组计划、增材制造等新技术新模式蓬勃兴起，新材料创新步伐持续加快，国际竞争日趋激烈。在此大背景下，美日俄韩等全球 20 多个主要国家纷纷制定了与新材料相关的产业发展战略，启动了 100 多项专项计划，大力促进本国新材料产业发展。相对而言，我国新材料产业起步晚、底子薄，材料先行战略没有得到落实，核心技术与专用装备水平相对落后，关键材料保障能力不足，整体仍处于培育发展阶段。

　　深圳瑞华泰薄膜科技股份有限公司致力于打破美日企业长达 40 多年在聚酰亚胺先进高分子材料的垄断，突破多项化学合成和工程技术难点，参与由美日企业垄断 40 多年的市场竞争，获得中国制造一席地位，已成为国内外业界主流厂商的供应商，也是中国聚酰亚胺薄膜材料领域的领跑者。深圳瑞华泰薄膜科技股份有限公司总经理汤昌丹说："国家设立新材料产业领导小组，但新材料产业界定和定义至今不清晰，产业受制传统行业归属和标准掣肘发展，优惠和资助政策没有落在新材料产业发展的痛点上，因为材料发展周期长，系统工程、特质装备和原材料配套能力等要求甚高，但现实中我们对国外材料的依赖缺乏战略思考和抑制手段，所缺乏的材料说明有市场或国家战略有需求，我们自己如果造不出来就更受制于人，机遇和市场价值都给了别人，还要看别人的脸色，这就是我国目前在材料产业的尴尬局面。"

新材料领域的先进电子材料尤为重要，是发展信息产业的基础。第一届粤港澳大湾区先进电子材料高峰论坛 2019 年 4 月 27 日在深圳市宝安区举行，中国工程院原副院长、国家新材料战略咨询委员会专家组组长干勇院士，发表了题为"建立粤港澳大湾区电子信息材料技术创新体系，支撑制造业强国建设"的主题演讲。他表示，我国先进电子材料发展的挑战和机遇，要在深圳实现"突围"。深圳是全国最大的电子信息产业基地，地域优势凸显。深圳要依托深圳先进院，建立粤港澳大湾区电子信息材料技术创新体系，运用好深圳市的实体产业优势，完善粤港澳大湾区优势互补、协同发展的战略布局。

我国新材料产业需要涌现更多的"瑞华泰"来打破洋品牌的垄断，一方面产业界需要积极布局，迎难而上，尤其是新材料创业者需要足够的耐力和韧性，并且拥有宽广的胸怀，坚持从事新材料的创新工作；另一方面，国家新材料政策也要与时俱进，针对新材料产业发展的痛点出台扶持政策，由于新材料发展周期长、投入大、风险高，需要提供长期的金融服务，加大对新材料企业的政策支持力度，同时加大对国外高端人才的引进。